MAURICE ROLLINAT

LES APPARITIONS

LES
APPARITIONS

G. CHARPENTIER ET E. FASQUELLE, ÉDITEURS
11, RUE DE GRENELLE, PARIS

OUVRAGES DU MÊME AUTEUR

DANS LA

BIBLIOTHÈQUE-CHARPENTIER

A 3 fr. 50 le volume.

Les Névroses (5e mille) . . . . 1 vol.
Dans les Brandes, poèmes et rondels . . . . . . 1 vol.
L'Abîme, poésies . . . . 1 vol.
La Nature, poésies . . . . 1 vol.

En préparation :

Paysages et Paysans, poésies . . . . 1 vol.

ÉVREUX, IMPRIMERIE DE CHARLES HÉRISSEY

MAURICE ROLLINAT

LES
APPARITIONS

PARIS
BIBLIOTHÈQUE-CHARPENTIER
G. CHARPENTIER et E. FASQUELLE, Éditeurs
11, RUE DE GRENELLE, 11

1896

IL A ÉTÉ TIRÉ

Quinze exemplaires sur papier de Hollande
Numérotés à la presse

LES APPARITIONS

LES CHOSES

Non ! Ce n'est pas toujours le vent
Qui fait bouger l'herbe ou la feuille,
Et quand le zéphyr se recueille,
Plus d'un épi tremble souvent.

Soufflant le parfum qu'elle couve,
Suant le poison sécrété,
La fleur bâille à la volupté,
Et dit le désir qu'elle éprouve.

LES APPARITIONS

Certaines donnent le vertige
Par le monstrueux de leur air,
Engloutissent, pompent la chair,
Sont des gueules sur une tige.

L'eau rampe comme le nuage
Ou se darde comme l'éclair,
Faisant triste ou gai, terne ou clair
Sa rumeur ou son babillage.

Sans tous les jeux de la lumière,
Sans les ombres et les reflets,
Les rochers gris et violets
Se posturent à leur manière.

Tel pleure dans sa somnolence,
Un autre, sec comme le bois,
Aura cette espèce de voix
Qui fait marmonner le silence.

LES CHOSES

L'âme parcourt comme la sève
Les objets les plus abîmés
Dans la mort, — ils sont animés
Pour tous les organes du rêve :

Pour ceux-ci, l'exigu, l'énorme
Existent par le frôlement,
La couleur, le bruissement,
Par la senteur et par la forme.

Nous pensons que les choses vivent...
C'est pourquoi nous les redoutons.
Il est des soirs où nous sentons
Qu'elles nous parlent et nous suivent.

Par elles les temps nous reviennent,
Elles retracent l'effacé,
Et racontent l'obscur passé
Comme des vieux qui se souviennent.

LES APPARITIONS

Elles dégagent pour notre âme
Du soupçon ou de la pitié,
Paix, antipathie, amitié,
Du contentement ou du blâme.

A nos peines, à nos délices,
Participant à leur façon,
Suivant nos actes, elles sont
Des ennemis ou des complices.

Chacune, simple ou nuancée,
Émet de sa construction
Une signification
Qui s'inflige à notre pensée.

Plus d'une, à force de confire
En tête à tête avec le deuil
Prend la figure du cercueil
Et de la Mort pour ainsi dire.

LES CHOSES

Comme une autre, usuel témoin
D'une allégresse coutumière,
Met du rire et de la lumière,
De l'hilarité dans son coin.

Les saules pleureurs se roidissent
Dans l'éplorement infini,
La branche d'orme vous bénit,
Les bras des vieux chênes maudissent.

L'une a l'allure prophétesse,
Une autre exprime du tourment ;
Toutes rendent le sentiment
De la joie ou de la tristesse.

Celle-là que maigrit, allonge,
La crépusculaire vapeur,
Revêt le hideux de la peur
Et le fantastique du songe

L'assassin voit la nue en marbre
S'ensanglanter sur son chemin,
Et la hache grince à la main
Qui lui fait massacrer un arbre.

Souvent, l'aube lancine et froisse
Le remords avec sa fraîcheur,
Et la neige avec sa blancheur
Épand des ténèbres d'angoisse.

Si par son aspect telle chose
Toutes les fois ne nous dit rien,
A chaque rencontre d'où vient
Que notre œil l'évite ou s'y pose ?...

Notre intelligence retorse
Déshonore leur don brutal
En prêtant son savoir du mal
A ces aveugles de la force.

LES CHOSES

Hélas ! pour combien d'entre celles
Qui sont barbares par destin,
L'homme n'a qu'un but qu'il atteint :
Les rendre encore plus cruelles !

Que ce sentiment vienne d'elles
Ou leur soit supposé par nous,
On leur trouve un semblant jaloux
Quand nous leur sommes infidèles.

On le sent : comme à l'innocence
On leur doit pudeur et respect,
Et l'on offense leur aspect
Par la débauche et la licence.

L'âme habite bloc et poussière :
Toute forme d'inanimé.
Son frisson y bat renfermé
Comme le cœur de la matière.

LES APPARITIONS

Et, de leur air doux ou farouche,
Indifférent ou curieux,
Semblant nous regarder sans yeux,
Et nous interpeller sans bouche,

Comme nous, ces sœurs en mystère,
En horreur, en fatalité,
Reflètent pour l'éternité
L'ennui du ciel et de la terre.

LES TREIZE RÊVES

L'un des treize viveurs que la tristesse ronge
Ayant dit : « Voyons donc, qui de nous, l'autre nuit,
    A fait le plus horrible songe ?
Chacun parle à son tour et conte ce qui suit :

LE PREMIER

Je rêvais que j'étais pieds liés, bras au dos,
    Dans la camisole de force :
Une dame très pâle et coiffée en bandeaux,
    Les yeux fixes, la bouche torse,

Me souriait avec langueur
Et m'entrait lentement un stylet dans le cœur.
Je la regardais sans un cri, sans même
Un mouvement ; mais, autant qu'elle blême !
Et si je restais là, figé de telle sorte,
C'est que je l'avais vu : « La dame était morte ! »

LE SECOND

Par des tunnels bas, des corridors froids,
Par de longs souterrains étroits,
J'arrivais dans un carrefour.
J'entendais qu'on chauffait le four
Quelque part, ici, là, mais je n'y voyais goutte.
Soudain je reculais, et ma vue effarée
Brûlait au rouge ardent d'une gueule cintrée...
Puis, la voix de quelqu'un invisible ordonnait
Qu'on me prit... et l'on m'enfournait
Dans le brasier claquant qui pourléchait sa voûte.

LE TROISIÈME

On me guillotinait : l'exécuteur narquois
S'y reprenait à plusieurs fois !

Ce n'était qu'au septième coup
Que ma tête quittait mon cou.
Dans le baquet de son qui lui semblait un gouffre
Elle roulait, elle roulait...
Tandis que son tronc qui la revoulait
Geignait en saignant : « Je souffre, je souffre. »

LE QUATRIÈME

J'entrais dans un palais dont les portes ouvertes
Se refermaient sur moi. Par des salles désertes
J'errais — la puanteur me faisait trébucher ;
L'horreur et le dégoût retenaient mon haleine...
Je le crois bien... Les murs, le plafond, le plancher
N'étaient qu'un grouillement de pourriture humaine !

LE CINQUIÈME

Fléchissant sous l'énorme poids
De je ne sais quelle bête,
J'allais seul, la nuit, par une tempête.
Les objets dans un noir de poix
Avaient fini par se dissoudre.
Tout l'espace n'était qu'une rumeur de foudre ;

Et nul éclair ! rien ! les ténèbres seulement
Précédaient et suivaient l'infini grondement.
  Pas de pluie ! aucunes rafales !
  Mais un grand cri, par intervalles,
Un grand gémissement, fou, d'un plaintif aigu,
  Tel que je n'en ai jamais entendu !...
  Comme un chant d'horreur extraordinaire
  Accompagné par le tonnerre...

LE SIXIÈME

  J'étais très malade — en danger de mort.
  Quand même, j'espérais encor,
Ma mère persistant à me crier : « Courage ! »
Au pied du lit, debout, malgré son grand âge.
Je noyais longuement mes regards anxieux
  Dans le rassurant de ses yeux.
Enfin, elle venait s'asseoir à mon chevet :
Toujours plus nos regards échangeaient la caresse
  De la confiance et de la tendresse.
  Brusquement, elle se levait,
M'enlaçait, pareille aux serpents des jungles,
  Et m'étouffait avec ses ongles.

Ma mère n'était plus qu'une sorcière folle...
— Qu'à jamais loin de moi ce cauchemar s'envole !...

LE SEPTIÈME

Tiens ! moi, j'avais aussi la démence méchante :
    En face d'un grand billot plat
    J'aiguisais vite une serpe tranchante
      Qui luisait d'un terrible éclat.
Soudain je dis : « Vas-y ! puisque si bien tu flambes ! »
Et, successivement, je me coupai les jambes,
Ensuite, la main gauche ; et, quand je m'éveillai,
Mes dents mordaient encore au moignon droit broyé !

LE HUITIÈME

J'étais dans le caveau d'un immense musée
    De cire, et ma vue était médusée
    Par des mannequins froids et solennels
    Qui représentaient de grands criminels.
    Je frissonnais bien, mais je tenais ferme.
Tout à coup, une voix longue criait : « On ferme ! »
Je me précipitais pour sortir, plus d'issue !...
    A la voûte, plus de clarté,

Toute la cave était tissue
D'une compacte obscurité.
J'appelais avec violence,
Rien ne répondait qu'un morne silence ;
Et je sentais la solitude en haut,
Dans la salle, au-dessus de mon noir cachot.
Alors, se rallumaient les lampes,
Et je voyais — l'effroi m'en glace encor les tempes ! —
Tous ces mannequins s'animer hideux
Pendant que je claquais des dents au milieu d'eux.

LE NEUVIÈME

En chair, en os, j'étais reptile infâme,
Crapaud pelotonné sur le sein d'une femme.
Tout ramassé dans ma laideur,
Immobilisé de lourdeur,
Je ne pouvais bouger de cette place
Où je mettais mon froid de glace.
J'étais si conscient de mon corps odieux
Que des larmes mouillaient le rouge de mes yeux,
Et qu'en moi, par degrés, je sentais s'accroître
Les battements du cœur, des flancs et du goître

J'aurais tant voulu, pauvre bête affreuse,
    M'en aller de la malheureuse !...
Sa respiration courte, inégalement,
    Soulevait mon poids opprimant...
A la fin, elle dit d'une voix chagrine :
« Mais ! qu'est-ce que j'ai donc là, sur la poitrine ? »
Elle alluma — me vit — mourut dans la stupeur,
    Après un hurlement de peur.
    Et le réveil — horreur qui navre !
Me retrouvait crapaud pleurant sur un cadavre.

LE DIXIÈME

Je perdis l'équilibre au bord glissant d'un puits.
Exprimer ce que j'ai ressenti... Je ne puis.
    Ainsi qu'un fil qui se dévide
    Je descendais lent dans le vide ;
Sous ma chute le rond du gouffre ténébreux
    S'élargissait toujours plus creux ;
Et, comme si toujours d'une nouvelle cime
Je redégringolais dans un nouvel abîme,
    Dans l'indéfiniment profond
    Je tombais sans toucher le fond.

LE ONZIÈME

Un ennemi Protée, un fantôme changeant
Me poursuivait partout, marchant, volant, nageant !
Je voulais fuir le monstre, ou la bête, ou la morte...
Mes pas restaient figés dans de la colle forte.
Puis, j'étais dans un lit sans rideaux. Tout en face
    Pendait juste une immense glace,
Si bien qu'avant le coup j'ai pu voir l'éclair froid
Du couteau qu'une main tenait levé sur moi.

LE DOUZIÈME

Un moutonnement faible, un bombement très vague,
    Comme d'une herbe ou d'une vague,
Tout au fond de la chambre attirait mon regard :
    Et voici qu'en un jour blafard
Je voyais de dessous une ample couverture
    Sortir un énorme serpent
    Dont j'allais être la pâture.
    Moitié dressé, moitié rampant,
Lent, cauteleux, avec un silence farouche,
    Il arrivait jusqu'à ma couche.

Tout vibrant de fluide et la gueule en arrêt,
    Le magnétiseur me considérait.
Puis, les crochets dardés en flammettes furtives,
Il sifflait rauque ainsi que les locomotives,
    Et j'entendais bientôt craquer mes os
Sous le vissement lisse et froid de ses anneaux.

Et le TREIZIÈME, enfin, dit d'une voix d'homme ivre :
— Étant mort enterré, je me sentais revivre...
Et je ressuscitais !... Dans l'enclos gazonné
    D'où je sortais comme un damné,
Les défunts me criaient, les uns après les autres :
    « Non ! tu ne seras plus des nôtres !
« Pour qui s'est lassé d'être, en son ennui béant,
« Au moins le suicide avance le néant !
« Mais, toi, ta vie ayant l'intarissable source,
    « Tu n'auras pas cette ressource.
    « Tu dois exister désormais
        « Pour jamais ! pour jamais !
« Retourne au mal, au deuil, à l'argent, aux amours,
        « Pour toujours ! pour toujours !

« Va-t'en lutter, souffrir, penser,
« Sans plus repouvoir trépasser ! »

Il se tut. La parole eut un instant sa trêve.
Puis, les douze premiers unissant, à la fois
   Leurs frémissements et leurs voix,
S'écrièrent : « Voilà le plus horrible rêve ! »

LA FÉE

Mes pas suivaient, rampants, lourds de marche et d'ennui,
Un chemin creux rendu souterrain par la nuit,
Lorsqu'un Être surgit, d'un lumineux funèbre
Qui n'éclairait que lui sur le fond des ténèbres.

Un Être, dont la peau, verte de moisissure,
Se ridait, transparente et frêle, sur les os,
Laissant voir goutteler blanc pâle, par grumeaux,
Le cœur noir où bâillait une large blessure.

Des vipères tenaient ses jambes enlacées,
D'épais fils d'araignée étaient ses cheveux gris,
Et ses deux ailes d'Ange au plumage flétri
Retombaient lourdement traînantes et cassées.

Et le démon, geignant sa parole étouffée,
Dit : « Les larmes m'ont fait les deux yeux de la Mort !
« Elles les ont fondus ! leurs trous pleurent encor !
« Je suis la plus hideuse et la plus triste Fée.

— « Quel souhait formes-tu ? » — « Plus aucun ! répondis-je !
« Dans le marais lugubre où mon espoir se fige
« Je remâche le fiel de mon chagrin mauvais,
« Je ne crois plus qu'à mon dégoût ! » — « Je le savais ! »

— « Alors, gémit la Fée, ouvrant ses bras livides,
« Mire ta conscience en mes orbites vides,
« Me voyant, vois ton âme en toute son horreur !

« C'est son hideux portrait que t'offre ma rencontre,
« Ton dedans figuré ma forme te le montre :
« J'incarne ta pensée et j'exprime ton cœur ! »

LES QUATRE FOUS

Quatre fous causent entre eux. — L'un
Fait d'un ton goguenard et triste :
« On se figure que j'existe !
On se trompe ! — Je suis défunt ! »

Un second : « Moi ! c'est le contraire !
Je suis mort, pensez-vous ? — Non pas.
Je vis ! et jamais le trépas
Ne me fera votre confrère. »

Un autre : « Mon horreur est pire !
Avec l'air palpable et mouvant
Je ne suis ni mort ni vivant !
Rien ! Le Néant est mon empire. »

Le dernier ricane : « Qui sait?
Pour moi qui suis x votre maître
Chacun de vous dit vrai peut-être... »
Quel sage que cet insensé !

L'HOMME-FANTOME

C'est le mort de l'indifférence :
Il a beau parler, se mouvoir,
Il ne vit plus qu'en apparence.

Il a délaissé l'espérance
Et supprimé le désespoir.
C'est le mort de l'indifférence.

Il assimile gain, dépense,
Confond donner et recevoir.
Il ne vit plus qu'en apparence.

De tout son entour d'existence
Echo sourd, aveugle miroir,
C'est le mort de l'indifférence.

Son cœur pratique sa sentence :
« Pourquoi faire, dire, falloir ? »
Il ne vit plus qu'en apparence.

Qu'importe : voilà ce qu'il pense
De tout ce qu'il peut concevoir.
C'est le mort de l'indifférence.

Son avenir ? du déjà rance !
Il appareille blanc et noir.
Il ne vit plus qu'en apparence.

Dans la suite ou l'incohérence
Il voit les mots s'équivaloir.
C'est le mort de l'indifférence.

Il estime la différence
Nulle entre ignorer et savoir.
Il ne vit plus qu'en apparence.

Inétonné des occurrences,
Il semble avoir dû les prévoir.
C'est le mort de l'indifférence.

L'universelle insouciance
Formant son rêve et son vouloir,
Il ne vit plus qu'en apparence.

Machinal de la conscience,
Du besoin comme du devoir,
C'est le mort de l'indifférence.

Démis, à force de souffrance,
De sentir et de s'émouvoir,
C'est le mort de l'indifférence :
Il ne vit plus qu'en apparence.

L'ANGOISSE

Ayant tenu longtemps sa tristesse penchée
Sur les tisons, et puis, méticuleusement,
Visité tous les coins de son appartement,
La Dame sans sommeil vers minuit s'est couchée.

    Par ce mortuaire novembre
    Elle fait sa lecture au lit.....
    Mais, c'est des yeux seuls qu'elle lit,
    Car, elle suspecte sa chambre.

Et pourtant rien ne craque et rien n'a trembloté.
Hormis l'âtre animant les glaces, les peintures,
Ici, meubles, panneaux, les housses, les tentures,
Tout croupit de silence et d'immobilité.

Les clefs qui, chaque soir, scellent sa solitude,
Dorment, claires, sur leurs trois tours.
Qu'importe ! en son esprit passent déjà moins sourds
    Les frissons de l'inquiétude.

Puis, elle écoute pâle et lève ses yeux sombres,
    Sa lecture reste en suspens,
Et, dans son âme, alors, les soupçons vont rampants
    Comme dans la chambre les ombres.

    Et tout à coup réalisée
Pour sa folle terreur lui vient cette pensée :
    « Qu'en face d'elle le rideau
    « Cache un homme armé d'un couteau... »

L'assassin épie, aussi lui tremblant,
Si l'on ne vient pas, si personne n'entre...
Il est debout, le coude au flanc,
Le poignard oblique à plat sur le ventre !

Et tandis qu'elle voit la forme
Fixe au mur, respirant tout bas,
Guetteuse, attendant qu'elle dorme...
Son poing glace le drap qu'il froisse :
Qu'encore un peu son cœur accroisse
Ses affreux battements, ce sera le trépas.
Pour combien de nous n'est-ce pas
L'Image de l'horrible Angoisse !

VENGEANCE D'OUTRE-TOMBE

Ceci se passe au fond d'un antique château
Perché noir et lugubre au sommet d'un coteau :
Là, toute seule, habite une très vieille dame
Qui, dans son jeune temps, dût tuer une femme
Par le poison, plus lâche encor que le couteau.
Son crime, à certains jours, lui remonte sur l'âme ;
Pour l'heure, elle ne veut pas dormir de sitôt,
Car son fluide agit sur une table énorme,
Epaisse, d'un poids monstre et d'une étrange forme.
Elle la fait tourner pour la première fois,

L'activant du regard, du geste et de la voix;
Depuis longtemps déjà, la nuit file sa trame,
L'orage met dans l'air de l'horreur et du drame.

Replaçant ses mains sur les bords
De la table qui déraisonne,
Elle dit : « Allons ! tu t'endors ?... »
Bientôt, maint craquement résonne.

La vieille interroge des morts,
Et jusqu'à la moelle frissonne
Quand l'un d'eux parle de remords...
Juste à ce moment minuit sonne :
La table avec d'affreux efforts
Se lève, la dame soupçonne
Sa haine, et veut fuir au dehors...
Mais, le meuble lourd l'emprisonne
En lui barrant la porte. Alors,
Sous l'esprit fou qui l'éperonne,
Cette table a des bonds plus forts

Contre l'être qu'elle environne,
Puis, tumultueuse, elle tonne
Avec ses quatre gros pieds tors,
Et, comme une masse à ressorts,
Se précipite sur ce corps
Qu'elle écrase, lente, et tronçonne...

Ainsi, par le pire des sorts,
Finit cette vieille personne
Dans son grand château monotone
Où gémissent les cris discords
Des hiboux et du vent par les longs corridors.

LES DEUX PORTRAITS

Le maître du château — vieil avare que ronge
    L'inextinguible soif de l'or,
Laisse le grand manoir poudroyer dans la mort,
    Moisir dans le croupi du songe.

Mais, à tous les minuits, quand la lune emblafarde
    Les antiques appartements,
Face à face accrochés, les deux portraits d'amants
    Plus concupiscents se regardent.

Puis, ayant tressailli sur le haut mur farouche,
      Quittant leur cadre en même temps,
Ils volent l'un vers l'autre, et se joignent, flottants,
      Là, dans le vide, bouche à bouche.

      Ils se boivent, lents et sans bruit,
      Pendant qu'au-dessous d'eux, la Nuit
Peuple de cauchemars le sommeil du vieux ladre ;

Et, quand l'ombre pâlit — avec des soupirs longs,
      Chacun, pensif, à reculons,
      Vient se remettre dans son cadre.

LE VIEUX CADRE

« Depuis que l'on m'a décroché
Du grand mur à tapisseries,
Je rumine mes songeries,
Obscurément vide et caché.

Moi si vieux, qui bordai tant d'étranges figures !
Tant de fantastiques endroits !
On laisse dans l'oubli se poudroyer mon bois
Sur tous les trous de mes piqûres.

La mousse a remplacé mon or.
Mais quoi ! je suis plus noble encor
Dans ce grenier brouillant ses poutres renfrognées...

Puisqu'en mon coin, mort à tout bruit,
J'encadre un morceau de la Nuit
Sous le verre du Temps fait par les araignées. »

LE SPECTRE

Au funèbre éclat des bougies,
Cœur trouble, regard incertain,
Tout seul, chez lui, le libertin
Se repose de ses orgies.

Et, comme l'heure se dévide,
Lente et morne — au coin de son feu
Il bâille, et s'assoupit un peu
En face d'un grand fauteuil vide.

Sa somnolence terminée,
Il trouve — alors tinte minuit —
Un spectre occupant devant lui
L'autre coin de la cheminée.

Dans ce fauteuil à dossier droit
Cet assis, fantôme-squelette
Sur qui la flamme se reflète
Est déjà d'un horrible effroi.

Quelle n'est pas son épouvante,
Quand, par degrés, il voit dessus
Se recomposer les tissus
De la chair humaine vivante !

Et, l'ossature se revêt
De toutes ses anciennes choses,
Avec bouche rouge, ongles roses,
Cheveux, cils, sourcils et duvet.

LE SPECTRE

Cela devenu maintenant
Un corps de femme frissonnant,
A la peau fraîche et point blafarde,

Lui sourit, moite, à belles dents,
Du mouillé de deux yeux ardents
Convoiteusement le regarde.

Et, son vice étouffant sa peur,
Le luxurieux qui soupire
Revient assez de sa stupeur
Pour s'entrelacer au vampire.

LA FORME BLANCHE

Sur la côte, du bord d'une rivière d'huile
Qui roulait ses flots gris sous les cieux inquiets,
Loin, loin, vague à travers les feuilles, je voyais
Un très haut cheval blanc qui se mouvait tranquille.

Aux tournants de la route, aux creux de chaque pente,
Brusque, il disparaissait pour surgir de nouveau,
Montrant lourdeur de plomb, roideur de soliveau,
Dans son allure grave et qui semblait rampante.

C'était certe un cheval ! Cela ne devait être
Autre chose ! et, pourtant, je pouvais en douter...
Son aspect ambigu me faisait hésiter...
Puis, je m'apercevais qu'il avait bien des maîtres.

Oui ! des gens modelant leur marche sur la sienne,
Avec je ne sais quel singulier apparat,
Le suivaient... Et je fus, autant qu'il m'en souvienne,

Tout saisi quand passa juste devant mes saules
Au lieu d'un cheval blanc, un cercueil sous un drap
Que portaient six géants sur leurs larges épaules !

LES POISONS

Y penser glace de frissons,
Produit comme une peur magique...
Ils sont terribles les poisons !

Ils gorgent maints fruits de buissons,
Maint reptile errant léthargique,
Y penser glace de frissons !

Ils couvent parmi les gazons,
Chez la fleur la plus magnifique ;
Ils sont terribles les poisons !

LES POISONS

Par eux, subtils en trahisons,
Un dard d'insecte est maléfique ;
Y penser glace de frissons !

Au verre blanc de leurs prisons
Notre œil gêné regarde oblique...
Ils sont terribles les poisons.

Les touchant, pleine de façons,
Notre précaution s'applique...
Y penser glace de frissons !

Ils nous hantent ! dans nos maisons
C'est comme un hôte fantastique :
Ils sont terribles les poisons.

La Mort a ses noirs écussons
Sur plus d'un flacon hermétique.
Y penser glace de frissons !

Viande, liquide, exhalaisons,
Suc herbeux, poudre métallique...
Ils sont terribles les poisons.

Si l'air qu'on hume sans soupçons
Était leur agent diabolique?...
Y penser glace de frissons !

L'homme ourdit leurs combinaisons,
Mais la Nature les fabrique.
Ils sont terribles les poisons.

L'un vous prend comme les boissons,
On meurt dormant épileptique...
Y penser glace de frissons !

L'autre en muettes pâmoisons
Vous verdit, vous boit, vous dessique.
Ils sont terribles les poisons.

De chaud vous devenez glaçon,
De blanc, charbon cadavérique.
Y penser glace de frissons !

Tel fait un mort plein de raison
Un clairvoyant cataleptique...
Ils sont terribles les poisons.

Jamais nous ne les connaissons,
Car ceux mêmes que l'on pratique
— Y penser glace de frissons ! —

Nous trompent. Oui ! nous les dosons...
Mais ils ont la dose élastique.
Ils sont terribles les poisons.

Si par certains nous guérissons
Ennui, remords ou mal physique,
— Y penser glace de frissons ! —

En détail nous nous flétrissons
Mangés par leur dent narcotique...
Ils sont terribles les poisons.

Mais, sur-le-champ nous trépassons
Quand c'est Lui qui nous intoxique
Leur monarque, Acide Prussique.
Y penser glace de frissons !
Ils sont terribles les poisons !

LE SANG

Le sang accomplit son mystère :
Il engendre l'humanité
De tous points, corps et caractère.
Il suit son cours héréditaire
Au gré de la Fatalité,
Charriant sans fin sur la terre
La Vertu, la Perversité,
La Maladie et la Santé,

Agent double, à la fois la source et la pâture
    De la fraîcheur et du cancer,
Il fait l'intégrité de l'âme et de la chair
    Comme il en fait la pourriture.

    S'il diminue ou s'il augmente,
    L'esprit en souffre avec le corps ;
    Tous deux sont fiévreux s'il fermente,
    Et quand il s'arrête, ils sont morts.

Comme il fait des cheveux, des ongles et des dents,
    Il organise dans la tête
    Des vouloirs froids, tièdes, ardents,
La lumière ou la nuit, le calme ou la tempête.

    C'est lui l'animeur clandestin
    Qui, pendant un temps incertain,
    Roule la vie et les pensées,
    La raison ou le pur instinct

LE SANG

Dans tant de formes nuancées
Qu'a si sourdement composées
Son flux obscur et serpentin.

Ce liquide rouge et grenu,
Si chaud quand il est contenu,
Et qui, versé, froidit si vite,
Noircit, se corrompt tout de suite...
C'est la cause dont les effets
Sont les regards, gestes, paroles,
Les sentiments graves, frivoles,
Tous les actes bons et mauvais.

Oui ! tout ce que l'homme imagine
Provient du manège du sang
Qui, sans cesse, humecte en l'usant
Le cœur, pivot de la machine.

Cette eau couleur de bronze et de soleils couchants
C'est la Science, l'Art, les Désirs, les Penchants,

Tout ce qu'on dit sublime, innocent et coupable :
  Et, tel va l'homme, commençant
  Invisible larve du sang,
 Pour finir atome impalpable.

Plus d'une âme en dépit de sa croyance altière
  Demeure interdite parfois
Quand, jusqu'à son oreille, ainsi monte la voix
  De la sardonique Matière.

Par ces avis d'en bas qui reviennent sans trêve
  Il semble que l'on soit puni
D'avoir trop à l'avance assis dans l'infini
  La sécurité de son rêve.

LES DEUX REVENANTS

Elle rôde la châtelaine,
Fantôme triste et regrettant,
Dans la chambre au grand lit d'ébène.

Elle flotte ou marche incertaine,
Comme une vapeur de l'étang...
Elle rôde la châtelaine.

Son œil mort de pauvre âme en peine
Darde un long regard furetant
Dans la chambre au grand lit d'ébène.

Chaque nuit, elle s'y promène
Cherchant celui qu'elle aima tant.
Elle rôde la châtelaine.

A sa rencontre toujours vaine
Elle va toujours s'entêtant
Dans la chambre au grand lit d'ébène.

D'allure imposante et hautaine,
Si mélancolique pourtant,
Elle rôde la châtelaine,

Ayant comme une ancienne reine
Un geste qui monte et s'étend
Dans la chambre au grand lit d'ébène.

D'un pas furtif comme une haleine
Qui ne se voit, ni ne s'entend,
Elle rôde la châtelaine.

Haute en son blanc linceul qui traine,
Ici, là, touchant, visitant...
Dans la chambre au grand lit d'ébène

Sa présence évoque, ramène
Le charme jadis existant :
Elle rôde la châtelaine.

Et les murs sous leur vieille laine
Plafond, meubles, ont l'air content
Dans la chambre au grand lit d'ébène.

Or, la lune bonne et sereine
Rit au vieux carreau miroitant.
Elle rôde la châtelaine

Tandis qu'un rossignol égrène
Ses soupirs se répercutant
Dans la chambre au grand lit d'ébène.

LES APPARITIONS

Il vient là des bois, de la plaine
Un murmure vague et chantant...
Elle rôde la châtelaine...

Mais, d'une manière soudaine,
La porte s'ouvre, au même instant...
Dans la chambre au grand lit d'ébène

Surgit un spectre : quelle scène !
C'est son bien-aimé qu'elle attend !
Et la Mort les ressuscitant
Pour leur passion surhumaine
Ame et corps, tels qu'aux jours d'antan
Joint le page et la châtelaine
Dans la chambre au grand lit d'ébène !

LES SEPT VEUVES

    Blondes, brunes, châtaines, rousses,
En grand deuil, minaudant avec de petits cris,
Les sept veuves, ainsi, content que leurs maris
    Tous les sept eurent des morts douces :

La première gémit : « Mon époux, grand dormeur.
    Un soir se couche en belle humeur,
Le matin, il dormait calme à sa même place,
    Mais c'était d'un sommeil de glace. »

« A tout propos, le mien avait, geint la seconde,
Une intarissable faconde...
Un jour, en prononçant : « Que veux-je dire encor ? »
Il tomba d'un coup raide mort. »

Bas, la troisième fait : « Le mien, dans la nature
Je ne sais comment dire ça...
Aimait près d'une haie à... bref, il trépassa
Dans l'accroupi de sa posture. »

La quatrième avec force gestes, s'exclame :
« En fumant, le mien rendit l'âme...
Si bien qu'on le coucha dans sa bière, gardant
Encor sa pipe entre ses dents. »

« Mon mari décéda, soupire la cinquième
Quand il écrivait ceci même :
« Ma santé refleurit ! Jamais en vérité
Je ne me suis si bien porté. »

La sixième sanglote : « Ah ! cher époux ! sa perte
    Navre mon cœur ! mais il eut certe
La plus joyeuse mort du monde, celui-là...
    Il mourut, riant aux éclats ! »

« Eh bien ! dit la septième avec un œil noyé,
Le mien eût le trépas le plus émerveillé,
Puisque juste il mourait lorsque sa chair ravie
Exhalait dans mes flancs les germes de la vie !... »

    Sans doute, elles voulaient savoir
Si pour d'autres la mort serait si fortunée,
Car peu de temps après, les sept femmes en noir
    Recontractaient une hyménée.

LA DAME PEINTE

Je craignais près de mon chevet,
Dans la solitude du chaume,
Ce portrait aux yeux de fantôme
Et dont le sourire vivait.

Enfin, pourtant, je l'oubliai.
A la longue, j'usai ma crainte
De la vieille figure peinte...
Mais, voici que je m'éveillai,

Une nuit, par un froid décembre ;
Mon grand feu que j'avais couvert
S'était donc rallumé ? L'Enfer
Illuminait toute ma chambre !

Et soudain, je sentis mon cœur
S'arrêter, le portrait moqueur
Coulant des regards de vampire

Bombait hors du cadre, et, vers moi
Pinçait plus amer et plus froid
Son abominable sourire.

LES PENDANTS

Conseillé par le vin perfide
L'homme en reboit un dernier coup,
Puis, se passant la corde au cou,
Tire la langue dans le vide.

Il froidit là, sous la solive,
Quand, parallèlement arrive,
Acrobate mince et subtil,
L'araignée au bout de son fil.

LES PENDANTS

Alors, devant l'énorme masse
Qui flotte lourde et qui grimace,
Elle dit, bénissant son sort,

Narquoise en sa philosophie :
— « C'est pourtant vrai que c'est la Mort
Qui fait le pendant de la Vie ! »

L'ATTAQUE NOCTURNE

I

Un orage lourd écrase la terre,
Et de longs éclairs qu'un grondement suit
Vont illuminant le noir de la nuit
Dont s'approfondit l'horrible mystère.

Sur une grand'route, au coin solitaire
D'un vieux pont qui dort sur de l'eau qui fuit,
Quelqu'un apparaît et soudain sur lui
Un voleur bondit comme une panthère.

L'ATTAQUE NOCTURNE

— « La bourse ou la vie ? » a fait le brigand.
Mais, vite il recule et frissonne, quand,
Ses deux mains n'ayant trouvé que du vide,

Au feu des éclairs, dans un jour livide,
Il entend ces mots ricanés tout fort :
— « L'Homme ne peut pas détrousser la Mort ! »

EFFET DE SOLEIL COUCHANT.

En sciant le cou des deux vieilles
Jusque derrière les oreilles,
L'assassin, par trop se pressant,
S'est tout éclaboussé de sang.

Lors, descendant la chenevière,
Il va laver à la rivière
Son front, sa figure, ses mains,
Et prend l'un des quatre chemins.

Il se sent rassuré. Voici que vient la Nuit...
Personne ne l'a vu ! Mais, qui donc le poursuit ?...
    Le sang de sa double victime !...

Et cet homme, éperdu, fuit en baissant les yeux,
Tandis que devant lui, de plus en plus, les cieux
    Prennent la couleur de son crime,

LE NAUFRAGE

Hurlant, gesticulant des appels sans réponse,
Les naufragés, debout, têtus dans leur espoir,
Dévorent du regard l'ombre vide, sans voir
Que toujours, toujours plus, le navire s'enfonce.

Le flot s'y précipite, à lourd glougloutement,
Rentre avide aux parois de sa masse qui flotte
Toujours plus bas, plus creux, et d'où confusément
Monte un tumulte errant qui grince et qui sanglote.

Puis, silence et stupeur ! Chacun s'est mis à suivre
L'engouffrement sournois du même œil agrandi
Et compte les instants qui lui restent à vivre :

Dix minutes ?... Qui sait ? ou rien qu'une peut-être ?...
Quand... un seul cri d'horreur vers l'horizon maudit
Sort d'eux tous à la fois se voyant disparaître !

LA MAISON DAMNÉE

Triomphante, avec tous les charmes
De la belle gaieté sans larmes,
La maison ouvre sur les cieux
Ses fenêtres qui sont ses yeux.

Mais la Mort vient trouver ses hôtes,
Les emmène tous, un par un.
Désormais, vitrage défunt !
C'est la grande aveugle des côtes.

LA MAISON DAMNÉE

Elle est damnée ! Aucun n'en veut.
Et, que le ciel soit gris ou bleu,
Par les soleils brûlant les pierres,

Par les vents froids pleins de sanglots,
En tout temps, on voit toujours clos
Ses volets qui sont ses paupières.

LE GLAIVE

Parfois, l'hiver, sur sa muraille,
Aux reflets rouges du brasier,
Le glaive, en ses songes d'acier,
Revit le meurtre et la bataille.

Alors, en pensée, il ferraille.
Du haut du piaffant destrier
Sur le casque et le bouclier
Va frappant d'estoc et de taille.

Son cliquetis répond dans l'air
Aux trompettes ! Son pâle éclair
Luit dans le vent de l'oriflamme !

La rouille dont il est chargé,
C'est du sang ennemi figé,
Gravant sa gloire sur sa lame !...

LA MONTRE

Au lieu d'accroître l'existence
Par son ignorance du temps,
L'homme en compte tous les instants,
La raccourcit avec une horrible constance.

Sans trêve le calendrier
Redit son âge et le lui montre.
Il avait fait le sablier !
Il a fallu qu'il fît la montre :

LA MONTRE

Cela qui vit, travaille, a des pulsations
    Tout comme le sang de ses veines,
Pour, — mesurant leur cours, — rendre encore plus vaines
    Sa pensée et ses actions.

    Il l'a partout sur sa poitrine,
    Y battant presque avec son cœur,
    Cette mécanique chagrine
Qui, de ses tristes jours, avec tant de rigueur,
Suit, en la divisant, l'incertaine longueur.

Maint souffrant se surprend souvent à l'éviter,
    Frissonne de la consulter,
Car, hélas ! plus on souffre et plus on se défie !
    Il ne peut retarder sans trac
    Cette bête ronde à tic tac
    Par secondes, mangeant sa vie.

DANS UNE CUISINE

Avec une morne indolence,
Quelques mouches viennent et vont
En zigzags, des murs au plafond.
Leurs bourdonnements pleins de somnolence
Endorment la cuisine, y font
L'ébahissement plus profond
Et plus magique le silence.
Or, tout en voisinant sur un plancher moisi
A ce tout petit ronflement des mouches,
Le grand couteau dit au fusil

Qui laisse voir le rond cuivré de ses cartouches :
« Toujours trancher du lard, des viandes, ça me fâche !
  Au lieu d'entrer dans du pain rond,
Je voudrais m'enfoncer dans le cou du patron...
Par ses propres mains. Oui ! mais... il est bien trop lâche. »
Le fusil lui répond : « Perdrix, caille ou bécasse,
  Lièvre, toujours même gibier !
C'est le maître qu'un jour je voudrais foudroyer...
Oui ! mais... il a bien trop de prudence à la chasse ! »
Du fond de son panier un champignon hideux,
Un cèpe énorme dit : « Eh bien ! mieux que vous deux
Je saurai le tuer, moi, l'humble friandise !
  Il me croit bon : je suis mauvais !
  Et, sans qu'il s'en doute, je vais
Pouvoir l'empoisonner, grâce à sa gourmandise ! »

LA VIEILLE ARMOIRE

La contemplation m'enchaîne,
Me subjugue, et même, souvent,
Me laisse un peu craintif devant
Ma vieille armoire en cœur de chêne.

En contiendrait-elle des livres,
Des habits, des piles de draps !
Son épaisseur nargue les rats ;
Sa porte qui pèse cent livres

LA VIEILLE ARMOIRE

Montre gravés sur sa serrure
Ongles et gueules de dragons ;
Avec ses trois énormes gonds
Elle n'a pas d'autre ferrure.

La clef qui l'ouvre est la plus grosse
De celles que tient mon anneau.
De chaque rustique panneau
Sa simplicité se rehausse.

Comme mon regard y fait halte
Quand il admire, à son milieu,
Massive et courte — monstre un peu —
Sa surgissante croix de Malte !

Juste où l'araignée a sa niche,
Dans le demi-jour des caveaux,
On voit au ras des soliveaux
Les moulures de sa corniche.

Celle-ci renfrognée, austère,
Semble contenir dans son creux
Du séculaire poussiéreux,
L'amas de l'ombre et du mystère.

Quant aux aspics d'humble facture
Décorant ses quatre gros pieds,
Certes ! Ils furent copiés
Sur des serpents de la nature.

Cette armoire de haute taille,
Démesurée en profondeur,
Monumentale de lourdeur,
Elle vit contre sa muraille !

Avec ses bizarres losanges
Tous à pointe de diamant,
Elle est digne du frôlement
Des spectres et des mauvais anges.

LA VIEILLE ARMOIRE

En vain, j'en ai longue habitude.
Toujours elle a l'air de son coin,
Encor plus juge que témoin,
De surveiller ma solitude.

Puis, elle me surprend : ainsi,
Tel soir d'hiver, morne, transi,
Je rentre chez moi, tout patraque...
A ce moment même, elle craque !...

Je crois l'entendre me parlant,
Faisant sur un ton grave et lent
Aux questions de ma pensée
Une réponse prononcée.

Assurément, elle dégage
Un deuil — une solennité,
Un magique, une étrangeté
Qui tout seuls seraient un langage.

Par sa grande allure équivoque
Elle inspire un trouble, un soupçon,
Et communique le frisson
Du lointain passé qu'elle évoque.

Et je me le dis, par instants :
« Tous ces contacts d'homme ou de femme
Qu'elle eut jadis au bon vieux temps,
Ont fini par lui faire une âme ! »

LES CARREAUX

Vers le soir, de tel point des hauteurs habitées,
Où, par nappes, s'étend la lumière à sa fin,
Les carreaux des maisons flambent, jusqu'au ravin
Dardent vibreusement des flammes enchantées.

On dirait du fin fond d'une plaine déserte,
En leur entour boisé tout fourmillant d'éclairs,
De magiques miroirs, suspendus dans les airs,
Se découpant, carrés, sur une vapeur verte.

Dans ce jour à la fois blêmissant et vermeil,
Avivant la splendeur des chaumes et des tuiles,
Ils ajoutent leur gloire aux adieux du soleil ;

Puis, luisant assombris, vagues, toujours plus loin...
Par degrés, comme l'astre, avec la nuit qui point,
Meurent ces diamants des horizons tranquilles.

LES PAS

Vieux ou jeunes, les pas n'ont point de perfidie,
    Ils ne sont point astucieux,
    Comme la parole et les yeux
Ils ne sauraient jouer de longue comédie.

Sur eux, grands ou menus, précipités, tardifs,
    Notre âme a peu de surveillance :
Ils recèlent, selon qu'ils sont sûrs ou furtifs,
    Bonne ou mauvaise conscience.

Ils trahissent nos peurs, nos luttes, nos mensonges,
　　　Miment le secret des pensers ;
Leurs façons, leurs dehors sont moins influencés
　　　Par notre sang que par nos songes.

Suivis et précédés de la mort qui les guette
　　　Et toujours plus les inquiète,
Ils colportent la vie en l'espace béant
　　　Demeurant toujours solitaire...
Puisqu'ils ne font, hélas ! qu'y trainer du néant
　　　Sur l'éternité de la terre.

LE LIERRE

Non! jamais je ne vis de rocher plus affreux
Ceinturé large et dru d'un plus superbe lierre
Ayant l'énormité verte aussi singulière
Epanoui si frais sur un gris si cendreux.

Et pourtant, tout en haut, le fantastique bloc
Trônait sur une côte absolument chenue.
Qu'importe! l'arbrisseau né de la pierre nue
Avait fait sa noueuse étreinte autour du roc.

Et comme je quittais le soir ce coin farouche,
Devinant ma pensée — avec leur voix sans bouche
Les choses tristement me chuchotaient en chœur :

« Ce lierre te suivra longtemps quoi que tu fasses !
Pur symbole qu'il est des souvenirs vivaces
S'obstinant à verdir la pierre de ton cœur ! »

LE CORBEAU EMPAILLÉ

Empaillé ?... C'est indéniable !...
Mais qui donc de la sorte a bien pu l'empailler ?...
Quelque étrange savant ? peut-être un vieux sorcier ?
A moins que ce ne soit le diable ?...

Dans le jeu des ombres furtives
Et des lueurs frôlant tel meuble ou tel portrait,
Par sa présence il met comme un frisson discret
Sous la stagnance des solives.

La pulsation de la vie
Habite obstinément ce mannequin noir-bleu
Dont l'air si naturel, si vrai, surprend si peu
Que personne ne s'en défie.

Il faut avoir touché la bête
Pour se persuader qu'elle n'est qu'un objet ;
Et même encore après, de loin, on est sujet
A lui voir remuer la tête.

Au-dessus de la cheminée,
Rapace, il apparaît perché, tel qu'au moment
Où d'un arbre il allait se ruer lourdement
Sur la charogne empoisonnée.

Oui ! son beau plumage sévère
Couve en le trahissant l'animé de son corps !
Ce n'est sûrement pas le froid regard des morts
Qui reluit dans son œil de verre.

LE CORBEAU EMPAILLÉ

Bourré d'ouates et de laines,
Malgré les fils de fer qui remplacent ses os,
Il demeure encor là, le chacal des oiseaux,
Le carnassier des grandes plaines.

Dégageant des songes funèbres,
Il incarne le deuil et le mauvais destin,
Comme il évoque aussi ce spectre clandestin,
Prince du mal et des ténèbres.

C'est pourquoi dans ma solitude,
Lui voyant si vivants ailes, yeux, ongles, bec,
Maintes fois, j'en ai peur, et je l'évite avec
Une réelle inquiétude.

Fin d'automne, quand il brouillasse,
Le soir, quand ses pareils ici viennent rôder,
Je frémis, en étant presque à me demander
Si ce n'est pas lui qui croasse !

LE MONSTRE

Rêvant sur leur mystère on a beau concevoir
    Les objets vivant leur personne,
    On sent bien, lorsque l'on raisonne,
Qu'ils n'ont pas la pensée et ne peuvent l'avoir.

Des ennuis grimacés par nos figures blêmes
    De nos douleurs, de nos efforts,
Ils sont des témoins nuls, insensibles suprêmes,
    Indifférents comme les morts.

LE MONSTRE

Aussi, parfois, étant en pleine solitude
      A creuser son cœur, son esprit,
      Soucieux dans l'herbe qui rit,
Tourmenté devant l'eau pleine de quiétude,

On trouve ces entours de choses froids et doux
      Tellement étrangers à vous,
      Si fermés à votre torture,

Que l'on retourne à l'être humain, car on se fait
      Hélas! à soi-même l'effet
      D'être un monstre dans la nature !

LE CHEVAL BLANC

De taillis en taillis, de pacage en pacage,
Je rentrais à pas lents, seul, entre chien et loup,
Quand un grand cheval blanc m'apparut tout à coup
Immobile au milieu d'un vaste marécage.

Les crapauds commençaient à sortir de leur bouge,
Et l'air devenait froid, le silence troublant...
Je marchais, intrigué par ce grand cheval blanc
Taché, me semblait-il, de noirâtre et de rouge.

En avançant, voici, glacé d'horreur suprême,
Ce qu'en un de ces fonds les plus hideux du val
Je vis distinctement dans le jour déjà blême :

Grimpé rampeusement par ses pattes bossues,
Plein d'une soif tenace, un peuple de sangsues
S'abreuvait aux flancs creux du fantôme-cheval.

 Morne, au pied d'un arbre enchainée,
  La pauvre bête se laissant
  Goutte à goutte pomper le sang,
 Inclinait sur les joncs sa tête résignée

Au moment où j'allais pouvoir le secourir,
Tari, desséché, roide, il tombait pour mourir.
Et je m'enfuis, plaignant l'humble victime, comme
Je maudissais son bourreau — l'homme !

J'ai longtemps conservé la peur
De cette sinistre rencontre.
Et, parfois, quand le soir exhale sa vapeur,
Mon souvenir me la remontre
La grande forme blanche, affreuse de stupeur !

LES TROIS TIGRES

Étirant leurs ongles qui râclent,
Avides, au bout des roseaux
Ils tendent leurs brûlants naseaux
Et sourdement grondent, renâclent.

Soudain, l'odeur de la femelle
Les a soulevés furibonds...
Dans la clairière, à mêmes bonds,
Ils viennent d'arriver comme elle.

Avec des courbes de serpents,
La queue allant, venant, dressée,
Cou tortu, babine froncée,
Ils s'entre-regardent rampants.

Et, brusquement, pour la tigresse
Les trois tigres se sont rués !
Et déjà les voilà noués :
Elle, en miaulant se caresse.

Et la rage confond ces bêtes
Voulant le massacre et la mort,
De tout l'épouvantable effort
De leurs membres et de leurs têtes.

Crispée aveugle comme un ver,
Sans qu'elle s'ôte et se rabatte,
Plonge et replonge gueule ou patte
Dans la nuit rouge de la chair.

LES TROIS TIGRES

C'est un bloc jaune à barres noires
Qui moutonne et grouille, grinçant,
Mêlant des baves dans du sang
Et des griffes dans des mâchoires!

Mais leur embrassement hideux
Se desserre... De chacun d'eux
Sort du râle, puis du silence.

Et la mort de ses trois amants
S'achève lente, aux bâillements
De la tigresse en somnolence.

L'OGRE

Pleine mer et plein ciel ! sur ces deux infinis
En même temps le soir lentement met un voile,
Le vaisseau dans le vent qui fait claquer sa voile
A tous les matelots sur son pont réunis.

Boulet aux pieds — drapés rigides dans leurs toiles,
Les morts, attendant là, viennent d'être bénis,
Et, soudain, balancés sur les flots rembrunis,
Y sombrent — entrevus sous un frisson d'étoiles.

L'OGRE

Or, le grand ogre de la mer
Etait là reniflant la chair,
La chair d'homme qui vient des havres,

Et l'abîme voit trois rôdeurs
Tournoyer dans ses profondeurs :
Un requin avec deux cadavres.

LES CÉLÉBREURS

Beaux soirs et beaux matins sont fêtés par le vol
  Des libellules d'émeraude ;
Les minuits de parfums sur un souffle qui rôde
  Sont vantés par le rossignol.

Ils ont, les chauds soleils, comme poète intime
  La vipère gourde ou vaguant ;
Et les flots de la mer hurlent pour l'ouragan
  Tous les hosannahs de l'abîme.

En renvoyant les feux et les bruits du tonnerre
    Les rocs veulent le célébrer ;
Le ver des creux y luit pour leur faire admirer
    La magnificence lunaire.

Le corbeau loue avec le bleu de sa noirceur
    La belle neige épanouie ;
Et le crapaud, d'un cri qui vitre sa douceur,
    Chante la gloire de la pluie.

LES PAPILLONS BLANCS

Il a plu : le soleil qui perce
La brume de rougeoiments clairs,
Allume aux lourds feuillages verts
Tout l'emperlement de l'averse.

Le soir vient, la nue en extase
Sourit à la terre en stupeur...
Les lointains bleus dans la vapeur
Font une ceinture de gaze.

LES PAPILLONS BLANCS

Les deux petits papillons blancs
Vont folâtrant de compagnie
Au-dessus de l'herbe vernie
Et de ses grands miroirs tremblants.

Lustrés par la molle lumière,
Comme guidés par le zéphyr,
Ils passent plus doux qu'un soupir
Au ras de l'herbe et de la pierre.

Le même vouloir les enlève
Et les rabat sur une fleur :
Même taille et même couleur...
Ils sont accouplés par le rêve !

Fondant leur vol dans l'unité
De leurs zigzags jamais contraires,
Ils sont les deux beaux petits frères
Du vagabondage enchanté.

Ces petites formes ailées
Sont légères comme un reflet...
Le blanc du lys, le blanc du lait
Y chantent leurs gloires mêlées.

Toute la nature déserte
Met son mystère et sa fraîcheur
Dans ces deux gouttes de blancheur
Au fond de l'immensité verte.

Ils figurent dans l'étendue
Le voyagement hasardeux
De mignonnes feuilles perdues
Qui seraient blanches toutes deux.

On dirait, tel est leur prestige,
Deux pâquerettes de buisson
Qui, pour rôder à l'unisson,
Ensemble auraient quitté leur tige.

Il a, leur nageotant manège,
Vacillant, tourniquant, virant,
Un flottant moelleux qui les rend
Pareils à deux flocons de neige !

Si douce en l'atmosphère tiède,
Leur teinte mystique reluit...
Ils vont, l'enchantement les suit
Comme le charme les précède.

En spirale, à replis soyeux,
Se resserre et se redénoue
Leur voltigement qui se joue
Élastique et silencieux.

En battant l'herbe parfumée
De leur fantasque trémolo,
Ils ont les mouvements de l'eau,
Du brouillard et de la fumée.

Frôleurs du sable et de la ronce,
De la roche et de l'arbrisseau,
Du clair et gazouillant ruisseau,
De l'étang muet qui se fronce,

Par ces grands silences moroses,
Au travers de l'espace bleu,
Ils ont l'air d'emporter un peu
De l'émanation des choses.

Ils semblent, si tard en tournée,
Le regret furtif et tremblant,
L'adieu mélancolique et blanc
De cette expirante journée.

Autour d'eux, c'est la mort ravie
Du murmure et du mouvement...
Ils sont ici dans ce moment
Les seuls fantômes de la vie.

Et chacun d'eux évoque aux yeux
Et symbolise à la pensée
L'âme du sol errant bercée
Sous l'attendrissement des cieux.

LES DEUX SCARABÉES

C'était exactement à cette heure sorcière
Où les parfums des champs rouvrent leur encensoir,
Quand l'espace alangui baigne son nonchaloir
Dans la solennité rouge de la lumière.

Le soleil allumant les bruines d'été
Que les feuillages lourds buvaient comme une éponge
Faisait en ce moment le paradis du songe
De l'humble jardinet si plein d'intimité.

C'est alors qu'un rosier m'offrit l'enchantement
> De petites bêtes robées
> D'émeraude et de diamant :
> Je pus assister longuement
> Aux amours de deux scarabées.

Ils semblaient, se joignant avec un air humain,
> Dans la torpeur de la caresse
Couver en eux sur leur couchette de carmin,
> Tout l'infini de la tendresse.

Et je rêvai d'amants défunts dont les baisers
Se recontinuaient en leur métempsycose,
Devant ces deux petits insectes enlacés
Qui s'adoraient ainsi dans le cœur d'une rose.

LA COULEUVRE

Sa prudence a fui le mystère
  Du bois, du ruisseau,
Pour l'aridité solitaire.
  Couchée en biseau,
Fourbue, elle s'étale à terre,
  Sous un arbrisseau.

Buvant la lumière enchantée
  D'un glorieux soir,
La grande couleuvre argentée

LA COULEUVRE

Là, sans se mouvoir,
Gît tout de son long — cravatée
D'un beau collier noir.

Le serpent luit sur l'herbe rase
Dont le chaud lui plait,
Émeraudé, jaune topaze,
Brun et violet.
De toute la bête en extase
Vibre du reflet.

Avec un silence magique,
Et si piano
Que c'en est presque léthargique,
Elle arque son dos,
Insensiblement se tournique,
Roule ses anneaux.

Coulante et lourde, elle environne
De mouvements tors
L'arbuste qu'elle ceinturonne

Des nœuds de son corps.
Telle, elle imite ces couronnes
Qu'on fait pour les morts.

Elle darde, exprimant son âme
En ravissement,
Sa petite langue de flamme
Electriquement,
Et se réengourdit, se pâme
D'assoupissement.

Le sommeil prend dans ses ténèbres
Toute la longueur
De ces chapelets de vertèbres
Ivres de langueur.
L'ombre et les rayons qui la zèbrent
La bercent en chœur.

Elle dort ainsi, quand, vivace,
Brusque tout à coup,
Elle tressaille, se déplace,

Et, dressant le cou,
Siffle, écoute, se désenlace,
Regarde partout.

Pour l'heure, elle ne veut plus, certe,
Dormir ou songer :
C'est sûrement la découverte
D'un grave danger
Qui la rend si soudain alerte
Pour déménager.

Puis, son rampement s'accélère,
Tout l'être en travail,
Elle exhale avec sa colère
Une senteur d'ail ;
Prenant dans la rougeur solaire
Des tons de corail.

Où fuir ? Sa vue ici n'accroche
Ni trou, ni recoin.
Autour d'elle ni bois, ni roche,

Et l'onde est si loin !
Qu'importe ! L'ennemi s'approche...
Le voilà qui point...

Alors, tout debout sur sa queue,
Ondulant, d'un trait,
Elle fait plus d'un quart de lieue,
Et, sans un arrêt,
Se jette à la rivière bleue,
Rentre en sa forêt !

LE SERPENT

Tordu sous les pieds joints de la madone fière
    Qui l'écrase d'un air vainqueur,
    Le serpent s'anime, et, moqueur,
Siffle et darde ces mots à la fille en prière :

« — Créé pour le poison, malgré moi j'en suis l'hôte
    Et l'insinuateur fatal,
Tandis que l'homme libre est conscient du mal
    Qu'il pense et commet par sa faute.

Prends la Nature pour Église
Et son murmure pour sermon,
Tu sauras si le vrai démon
C'est bien moi qui le symbolise.

Clémente aux animaux, quand tu les connaîtras,
Tu verras que sur terre, en fait de scélérats,
　　Tes pareils sont les plus à craindre :

Et, moi que tu maudis... qui sait ? peut-être un jour
Excusant mon venin par celui de l'Amour,
　　Ton cœur finira par me plaindre. »

COMBAT DE BŒUFS

Le crapaud s'est caché, quand, près du marécage
Les taurins, aux senteurs d'une vache ou d'un loup
Se sont mis pêle-mêle à courir tout à coup,
Faisant clapoter l'onde et gronder le pacage.

Or, tandis qu'affolé, tout le troupeau beuglant,
Écrasant les ajoncs, la ronce et l'herbe drue,
Croule par les bas-fonds, se précipite et rue,
Le grand bœuf noir se bat avec le grand bœuf blanc.

Cette fois, c'est à mort! Les saules et les viornes
Avivent leur fureur qu'ils gênent de leurs troncs ;
Le choc sourd des poitrails, des côtes et des fronts
Se mêle aux cliquetis multipliés des cornes.

Toujours va bondissant l'épouvantable tourbe...
Eux s'achèvent, rampants, sans pieds comme des blocs :
On dirait dans la nuit le combat de deux rocs
Au milieu d'un cloaque où leur poids les embourbe.

Mais, avec la clarté magique de la lune
Revient le plein silence. — Ici, là, le troupeau
Eparpille à brouter sa masse lente et brune.

Et déjà ressorti, rassuré, le crapaud
Par saccades flûtant, considère en extase
Les deux bœufs massacrés qui saignent sur la vase.

LES PAYSAGES

La Nature ne rend heureux
Que les innocents et les sages
Parce que regardant en eux
Ils retrouvent ses paysages.

La vision de sa beauté
Douce ou grave se continue
En leur conscience ingénue
Réfléchissant sa pureté.

Mais le pervers, lui, n'a point d'yeux
Pour le roc, l'eau, l'arbre et les cieux :
Il contemple en son être infâme

Le cauchemar plein de frissons
Et le stagnant dégoût qui sont
Les paysages de son âme.

CE QUE DIT LA RIVIERE

Voici ce qu'elle dit dans sa chanson obscure,
Tumultueuse ou lente, avec calme ou fracas :
« — J'aime les rochers gris, les arbres délicats
Penchant toujours sur moi leur ombreuse figure.

Entre ces bons témoins, discrets comme moi-même,
Sous le ciel flamboyant, pluvieux, noir ou blanc,
Au gré du vent sculpteur de mon miroir tremblant,
Dans la buée ardente et dans le brouillard blême,

Je coule, en me berçant de mes propres murmures,
Ou mêlant mon silence à celui de mes bords,
Et j'emporte au milieu des paysages morts
Le frissonnement vert qui tombe des ramures.

Tandis que mes dormants recèlent invisibles
Des hôtes écailleux vêtus d'or et d'argent,
Mon dessus, où zigzague un charme voltigeant,
Double en les reflétant ses frôleurs insensibles.

De bocageux ilots dont le sol se crevasse,
Sur de hauts chardons bleus montrant de fins oiseaux,
Des blocs de nénuphars, des bouquets de roseaux,
De lourds chalands moussus décorent ma surface.

Et puis, c'est un trio de cannettes qui joue
Ou glissotte en suivant le mâle émeraudé,
Aux abords d'un moulin poudreux et lézardé
Dont paresseusement je fais tourner la roue.

Nuancée à mes bords des teintes des feuillages,
Je reproduis, mouvants et clairs en mon milieu,
Tous les rayons nimbés de l'astre jaune en feu,
Avec des coins d'azur et des pans de nuages.

Si, basse et surchauffée, à la fin je m'ennuie,
Quelque orage amassé que j'écoute surgir
Eclate ! — Je remonte et me sens rafraichir
Par les torrents de pleurs que me verse la pluie.

Qu'un noyé par hasard rampe au fil de mon onde,
Je berce doucement son humide sommeil
Sous mes arbres touffus abritant du soleil
Ce mort figé comme eux dans la stupeur profonde.

Il est des nuits d'été, de printemps et d'automne,
Où la lueur revêt d'argent les arbrisseaux.
Nacre les airs, le roc, l'herbe — et fait de mes eaux
Un bain de diamant que le zéphir festonne.

Les beaux soleils couchants dont saignent les collines
Dorment sur mes profonds, tournent dans mes remous,
Et j'engloutis leur âme alors qu'au fond des trous
S'éveillent des cris sourds et des notes câlines.

J'entends chanter l'amour, la mort et la tristesse
Avec les rossignols, les hiboux, les crapauds :
Et, quand l'ombre s'étend sur la terre au repos,
La blancheur de l'étoile est ma rôdeuse hôtesse.

L'écho du voisinage empli de somnolence
Ne m'entend guère plus que la brise qui fuit,
Et souvent, même après un déluge, mon bruit
Reste pareil à ceux qui rythment le silence.

Les nuits, sur mes dormants, quelquefois je remarque,
Mêlés de glissements à murmures fondus,
Des bruits de baisers pris et de baisers rendus :
L'Amour au clair de lune errant dans une barque !

Telle mon onde heureuse aveuglément se guide
Vers le cours inconnu des rivières mes sœurs,
Et, sans jamais vieillir, au gré des vents berceurs,
Je roule mon destin d'éternité liquide. »

LA MAGIE DU TORRENT

Cela roulant ses plis, ses baves, ses poussières
Dans l'énorme rumeur de son croulant parler,
Parfois, par votre nom semble vous appeler,
De mots syllabisés bat les échos des pierres.

A longuement fixer l'onde qui va sans trêve,
    Gouffre ailé, lumière et brouillard,
On est comme emporté partout et nulle part
    Dans l'inconscience d'un rêve.

Puis, toujours plus cette eau diverse et monotone
      S'empare de l'âme et des yeux,
      Les rive à son train sinueux
Qui se creuse, bondit, tourne, oscille et moutonne.

De tout ce fugitif d'aspects, de voix sans nombre,
      Emane un ensorcèlement
Par lequel on n'a plus, sans corps ni sentiment,
      Que la pure extase d'une ombre.

    On est tellement hors l'espace,
    Au dedans, comme à la surface,
    De soi-même on est si sorti...

    Que l'on ne pourrait, sans mensonge,
    Dire ce que l'on a senti
    Pendant cette ivresse de songe !

LA GOUTTE D'EAU

La goutte d'eau tombait... tac tac...
Sur les dalles de la caverne
Dont je visitais sans lanterne
Le fuligineux cul-de-sac.

Creusante, uniforme, pressée,
Cette larme des rochers froids
Tintait fatale, à chaque fois
Faisant un trou dans ma pensée.

L'allégorie était vivante !
Je me dis avec épouvante,
Sorti d'entre ces affreux murs :

« Les heures tombant si funèbres
Goutte à goutte en nos jours obscurs,
C'est ce tac tac dans les ténèbres ! »

L'HERBE

Gloire à l'Herbe, à jamais nourricière et décor
      Des bons ruminants vénérables,
Et qui, fêtant la Vie, agrémente la Mort,
      Fleurit nos cendres misérables !

L'Herbe ! tapis du sol y gardant le dernier
      L'éclat profond de sa peinture !
Nappe de la lumière, écrin de la nature,
      Pendant son rêve printanier !

Sous le vibrant azur s'allume sa surface
Qui miroite à frissons lustrés ;
Les arbres et les rocs surgissent plus sacrés
Dans ce reposoir de l'espace.

Même lorsque l'hiver l'éteint sous le ciel morne,
La glace du froid des tombeaux,
Elle étend, noble encor, sa nudité qui s'orne
Du noir bleu grouillant des corbeaux.

Par la voix des grillons qui peuplent son mystère,
Elle chante pendant l'été
Le mystique unisson des cieux et de la terre,
L'extase de l'immensité !

Enfin ! le cher Printemps berce l'âme et la vue...
Avide, on contemple de près
L'herbe toute nouvelle et déjà si touffue,
D'un verni si tendre et si frais.

A nos ennuis le sol a rendu le remède,
      L'apaisement ensorceleur,
      Par la reposante couleur
De sa belle toison qui tremble au zéphir tiède.

L'herbe triomphe avec le lézard, l'oiselet,
      Avec la coccinelle ronde,
Avec les gazouillis, les souffles, les reflets
      Exhalés par l'air et par l'onde.

Tous les verts, depuis ceux du nuage superbe
      Jusqu'à ceux des mousses des bois,
Y sont fondus !... Pour voir tous ces verts à la fois
      Il suffit de regarder l'herbe !

Ici, parmi ses brins, feuilles et longues tiges,
      Dans une extase qui frémit,
Elle offre, diapré, le délicat prestige
      De fleurs qui sont fleurs à demi.

Et, par coins, se mêlant aux boutons d'or nabots,
Aux minuscules marguerites
Où va le papillon comme autour des flambeaux,

La fougère qui croît, sans trop se dépêcher,
Fait des crosses d'évêque humbles, toutes petites
Entre l'arbuste et le rocher.

L'AZUR

L'azur est la couleur qui chante pour les yeux
La pureté des airs et le bonheur des choses,
Qui tranquillise tout, les âmes et les roses,
Par la sérénité qu'elle verse des cieux.

De son amour c'est bien le plus pompeux des gages
Que donne la nature à sa création,
Comme le reflet bleu de sa compassion
Sur l'espace écrasé par l'ennui des nuages.

L'AZUR

L'azur rit au glacier dont la blancheur l'implore,
Aux cimes des forêts, à l'onde qu'il colore,
Comme il fait du ruisseau son petit miroir pur.

C'est tout le firmament, son âme, son essence,
Puisque l'astre monarque a besoin de l'azur
Pour montrer l'infini de sa magnificence !

LES HORIZONS

Avec le mal entour de leur teinte pâlie,
Fermant de vaporeux la noble immensité,
Ils font au paysage une mysticité,
Comme un grand sanctuaire à sa mélancolie.

Que de regards vers eux se calment ou s'éplorent !
Et que de fois le cœur s'y confronte en secret !
Ils sont contagieux de l'espoir, du regret,
De la joie ou du deuil que leurs lointains arborent.

Dominant les ravins, les terres et les ondes,
Gigantesques ou bas, montagneux ou boisés,
Ils fascinent le rêve, — et, jusques aux pensers,
Projettent le reflet de leurs stupeurs profondes.

Tout le jour, l'imprécis des rocs et des feuillages
S'y transforme, — et, quand l'astre y croule agonisant,
On dirait, monstrueux, sous un voile de sang,
Des chaos de cité, de mers et de nuages.

On les voit, pleins du vague où le brouillard les plonge,
Spectres pétrifiés dans leurs enchantements.
Davantage fanés, blêmes, éteints, dormants,
Ils sont encore plus magiciens du songe.

Joignant le ciel, — mêlant à leur cime fondue
Son azur clair ou pâle — égal ou pommelé,
Ils vivent son aspect léthargique ou troublé,
Couvent sa confidence à travers l'étendue.

Les mêmes horizons, vision coutumière,
Ont le don de distraire autant que d'attrister,
Demeurant toujours neufs pour vous faire assister
Au jeu fantomatique et doux de la lumière.

Seul, l'horizon des pics, comme d'un sortilège,
Nous opprime à jamais d'un cauchemar vainqueur ;
Encore, maintes fois, le noir ennui du cœur
Se console à souffrir l'ennui blanc de la neige.

Ayant, lorsqu'au printemps la nue est découverte,
Le murmurant silence et la gaze qui rit,
Ils semblent dégager sur tout ce qui fleurit
Le radieux de leur immobilité verte.

Du poids de son soleil l'été qui les écrase
Dans leur gloire déjà met de l'accablement ;
Sous le ciel travaillé d'un orageux tourment,
Ils regardent croupir les choses en extase.

Teintant à l'infini leur masse monotone
D'un pompeux coloris si triste en ses éclats,
Ils sonnent pour les yeux les mystérieux glas
Des beaux jours figurés par les feuilles d'automne.

Et l'hiver, au stagnant dénudé de l'espace
Ils ajoutent leur mort et comme leur terreur :
L'ombre de leur squelette affreuse de maigreur
Étend son âpreté sur cette carapace.

Dans ces plaines d'ennui, dont la longueur avide
Se déroule uniforme, et sans un arbrisseau,
Sans un spectre de roc, de ronce ou de roseau,
Les horizons perdus sont les décors du vide.

C'est là, sur ce hideux théâtre si désert,
Qu'un soir, je vis le drame effrayant de l'Abîme
Que la Foudre elle seule à la fois parle et mime
Avec les grondements, les gestes de l'Enfer.

Alors, les horizons figés et taciturnes,
Tous quatre horrifiés par leurs apprêts nocturnes
Tremblaient et mugissaient du tumulte des cieux,

Et, par instants, changés en montagnes de braise,
Faisant flamboyer l'ombre où se brûlaient mes yeux,
Cerclaient le gouffre plat d'une ardente fournaise.

LE TABLEAU

Par ce soir automnal, je regarde au carreau
Un morceau de lointain que noircit la tempête :
D'immenses flamboiements, des pieds jusqu'à la tête,
M'illuminent ! Le vent mugit comme un taureau.

Tout à coup, l'air, la foudre, et la terre, et la pluie
Font un chaos qui tourne, affreux, précipité.
Le vertige du ciel et de l'immensité
Tient mon cœur stupéfait et ma vue éblouie.

La nature en folie arrachant ses haillons
D'herbe et de feuilles — roule au gré des tourbillons...
 Et, frissonnant de tout mon être,

Je vois les éléments hideusement unis :
Ma vitre est le tableau de ces quatre infinis
 Dans le cadre de ma fenêtre.

L'ESPACE BLANC

Un soleil sans châleur et presque sans clarté
　　Se lève dans de l'ombre — en sorte
Qu'il épand on ne sait quelle lumière morte
　　Continuant l'obscurité.

Muré par le fumeux du ciel, des horizons,
　　L'air vous brouille l'âme et la vue ;
　　La lande croupit plate et nue
Sans vestige de roc, d'arbres ou de buissons.

Mais la neige remplit tout ce vide en prison,
Sa tombée oblique et touffue
Couvre à flocons muets comme d'une toison
La hideuse plaine chenue.

Et monotonement, s'étale indéfinie,
Immaculée en sa fraîcheur,
Duveteuse et compacte, éblouissante, unie,
L'énormité de la blancheur.

Et le ciel, juste après ce déluge d'hermine,
Blêmissant comme le lointain,
C'est tout l'espace blanc dans ce jour incertain
Qu'un soir morne et glacé termine.

Puis, la bise ouate son bruit...
Et, d'abord si noire, la nuit
Pâlit ses grands voiles funèbres :

L'ESPACE BLANC

La lune consacre en tremblant
Sur l'immense reposoir blanc
La fête blanche des ténèbres.

LES DEUX ASTRES

Tandis qu'éblouissant, rouge, descendu bas,
Le soleil se dilate avant de rendre l'être,
Juste en face de lui la Lune vient de naître :
Reine vague devant le monarque en trépas.

Terne, informe, imitant ces tout petits haillons
De nuages cendreux collés sur l'azur pâle,
Elle semble épier son grand frère qui râle,
Pendu sur la rivière où saignent ses rayons.

LES DEUX ASTRES

Les deux astres — la Vie et la Mort — se confrontent :
Vers eux, pieusement, les cimes d'arbres montent,
Fusains grêles, vapeur de ramure qui dort.

Et, le soir en extase, à la rumeur de l'onde,
Voit, dès que le Soleil a croulé dans la mort,
La Lune, claire à point, triompher toute ronde.

SOIR DE NEIGE

Morne entre les cieux blancs et les campagnes blanches,
La neige, à tourbillon de moins en moins fluet,
Tombe, ayant recouvert le peu que l'on voyait
Des toitures en chaume, en tuiles comme en planches.

Aux parois du glacier couvent des avalanches
Dont l'imminence pend sur le vide inquiet
De l'espace rigide et doublement muet,
Encore horrifié par le chenu des branches.

SOIR DE NEIGE

Tout à coup, au détour du paysage blanc,
Surgit un spectre noir : un prêtre s'en allant...
Tel est l'effet soudain de ces couleurs contraires,

Si lugubre d'aspect, — qu'il semble que la Mort
A, symboliquement, dans le jour qui s'endort,
Tendu l'immensité de ses draps funéraires.

LA SOIRÉE VERTE

Le soir tombait avec une lenteur magique,
La grande nappe d'eau qui dormait sans un pli
Répercutait profonds dans son miroir poli
Le nuage rampant et l'arbre léthargique.

Le seul glissottement des sources de la rive
Pleurant dans le silence un goutteleux soupir
Berçait l'air engourdi que le muet zéphir
Coupait, tiède et frôlant, d'une haleine furtive.

LA SOIRÉE VERTE

Tous, brumeusement clairs, trembleusement inertes,
Les rocs et les buissons, les taillis du coteau,
Les murs du vieux moulin, la tour du vieux château
Vivaient dans ce bain noir traversé d'ombres vertes.

La douceur descendait de la nue en extase
Sur ces vallonnements, qui devenaient blafards,
Et la mort du soleil rosait les nénuphars
Entre les joncs pourprés qui saignaient sur la vase.

  La nuit s'approchait, molle et chaude,
Le ciel s'était lamé d'un glacis d'émeraude
  Que la lune allait argenter.

Et voici qu'à l'heure où tout se recueille
  L'onde, elle aussi, pour m'enchanter,
Avait pris la couleur du ciel et de la feuille.

CRUE D'AUTOMNE

L'air s'embrume : voici que l'époque est venue
Où le feuillage tient pour la dernière fois.
Le vent force, et la pluie ayant dormi des mois,
Recommence à tomber sur la terre chenue.

Aujourd'hui, dans son val que rendent fantastique
Le rabougri de l'arbre et le noir du rocher,
La rivière qui vient de se mettre à loucher
Bombe déjà les plis de sa moire élastique.

Avec une lenteur où la vitesse couve,
Silencieuse encore elle traine son bloc
Et, sous le souffle aigu qui la fend comme un soc,
Commence à faire voir le tourment qu'elle éprouve.

Entre ses bords moitié rocaille et moitié glaise,
Elle qui d'ordinaire a le fluement si doux,
Elle cogne à présent les joncs et les cailloux,
Et lèche l'arbrisseau d'une façon mauvaise.

Ses dessus, par endroits, tachés de feuilles mortes
Qui d'un train plus pressé tournoyantes s'en vont,
Montrent que ses dessous sont brassés jusqu'au fond
Par les convulsions de ses masses plus fortes.

C'est le matin. — Le ciel a soufflé dans l'espace
Le malaise orageux dont il est travaillé ;
Parfois, très sourdement, d'un nuage caillé
Le tonnerre répond au coup de vent qui passe.

Les arbres, les buissons, les rocs, les fondrières
Sont plus blêmes déjà qu'aux approches du soir ;
L'horizon charbonneux porte un grand reflet noir
Sur la lividité hideuse des bruyères.

Et la pluie imprégnant ces rafales d'automne,
Aussi froides bientôt que celles de l'hiver,
Tend ses fils qui, cinglés, se tordent comme un ver,
Puis s'arrête et reprend, compacte et monotone.

Ayant couché le vent, toute seule, enfermée
Par des monts et des bois voilés d'un brouillard bleu,
Elle occupe les airs de ce sinistre lieu
Que voûte le ciel bas d'un dôme de fumée.

Aux rebords des fossés comme aux fentes des pierres,
Sur la vase ou le roc, l'herbe ou le gravier fin,
Elle fait gargouiller toute l'eau du ravin :
Des mares peu à peu naissent dans les carrières.

Tombant à décoller la mousse des rocailles,
Elle morfond le sol, ravine les talus ;
Et les arbres nabots montrent, nains encor plus,
Leur feuillage noyé qui croule entre ses mailles.

Maintenant, la rivière a sa rumeur qui roule,
Et son grondement sourd étouffe crescendo
Le fin crépitement de ces aiguilles d'eau
Criblant droit et serré les bosses de sa houle.

Du jaune encor clairet des eaux de sablières
Elle en arrive au jaune épais de ces étangs,
Espèces d'abreuvoirs fabriqués par le temps,
Qu'alimente parfois le trop-plein des ornières.

Puis, quand elle a foncé les nuances des jaunes,
Elle prend des tons roux qui deviennent du brun,
Du brun tel qu'on dirait qu'elle en a fait l'emprunt
A ces marais huileux qui dorment sous les aunes !

De gris-vert qu'elle était — ton d'écorce et de feuille
Avec un peu du blanc bleuâtre de l'acier,
Elle est de la couleur de ces eaux de bourbier
Où le très gros crapaud s'abrite et se recueille.

Baveuse et boursouflant son eau folle qui claque,
Elle ondule massive au pied fauve du mont,
Emportant si rapide un tel jus de limon
Qu'on croirait voir passer le torrent du cloaque,

Entre les arbres tors aux troncs noueux et caves,
Au milieu du courant qui tire sur les bords,
Passent de grands chiffons semblant vêtir des corps,
Des épines, des bois, toutes sortes d'épaves.

Et l'inondation que la pluie élucubre
S'avance. — La rivière a de puissants flac-flac...
Ayant couvert la berge, elle se change en lac
Dont le milieu moutonne avec un bruit lugubre.

Et malheur aux hameaux ! car la nuit sans un astre,
Sans même quelques points vaguement bruns ou blancs,
Noire, opaque, la nuit des grands déluges lents
Va prêter son mystère à l'horreur du désastre.

LUNE DE SONGE

D'abord indécise et couverte,
La lune glisse, par degrés,
Au ras des nuages cendrés,
Puis, en arc, reluit toute verte.

Des airs, du sol, pas un atome
Qui, dans la nuit, subitement,
N'ait verdi par l'enchantement
Du reflet de l'astre fantôme !

LUNE DE SONGE

Elle-même, la nue éteinte,
Au-dessus des ravins boisés,
Des champs, des lacs vert-de-grisés,
Se rallume en prenant leur teinte.

Et dans l'immensité nocturne,
La couleur verte joue aux yeux,
Symphonique et mystérieux,
Son frais spectacle taciturne.

Les murs blancs, la jaune chaumière
Montrent fondus, dans le tableau,
Les verts des feuilles et de l'eau
Tout glacés d'ombre et de lumière.

Et rocs, troncs d'arbres à la ronde,
Tremblent humides et vitreux,
Olivâtres et vaporeux,
Sous la lueur qui les inonde.

Les bœufs pâturant au travers
Autant que les herbes sont verts...
Vert aussi le hibou qui rôde !

Gazé de vague et de secret,
Comme en songe vous apparait
Ce paysage d'émeraude.

LE PRÉCIPICE

Entre des bords mouvants et d'un scabreux uni
Bâille rond comme un puits son gouffre indéfini
Où, dans l'éternité magique du silence,
Le vertige inquiet tournoie et se balance.

Et, du fond d'une nuit plus dense que la poix
Ses grands souffles montant lourds, glutineux et froids,
Sa forme, son perdu, son lisse abord perfide
En font hideusement le vide encor plus vide.

La pluie éteint son bruit entrant dans ces ténèbres, —
Le rouge éclair avorte à ces parois funèbres,
Le vent ne plonge pas à cette profondeur
Dont l'être qu'elle engouffre est l'unique sondeur...
Ventouse de l'espace, immense et noir vampire
Le précipice attend la chute qu'il aspire.

DANS LES BOURBIERS

Le soir m'avait surpris loin, à cheval, tout seul
    Au milieu des mares opaques
    Et du mouvant des grands cloaques,
Sous le ciel orageux, pâle comme un linceul.

Soudain, je vis quelqu'un hideux venir sur moi
    Ayant, tout voûté comme une arche,
    Dans la vase engluant sa marche
Le train précipité du plus mortel effroi.

Et, deux fois se figea mon sang
Quand le vieillard, vite, en passant,
Me décocha cette parole :

— « Tournez bride ! m'entendez-vous !
Sinon, la nuit va dans ces trous
Vous embourber avec la Folle ! »

LES FOSSÉS

Leur fond a pris des couleurs vertes,
Ainsi que leurs bords il fleurit,
Avec les eaux vives sourit
Et songe avec les eaux inertes.

Ils pompent la fraîcheur de l'ombre
Et le vertige du parfum
Dans un clair-obscur gris et brun
Que le feuillage rend plus sombre.

A l'ordinaire ils n'ont pour hôte
Que l'humble infiniment petit
Et leur calme se divertit
D'un grillon qui rêve ou qui saute.

Puis, sur leurs parois se rassemblent
Des papillons dont le vol doux
Evente les petits cailloux
Parmi les brins d'herbe qui tremblent.

Ouvrage de la main humaine,
Ils deviennent plus ou moins tôt
Creux de colline ou de plateau,
Plis du vallon ou de la plaine.

Au gré de la température
Travaillés par l'eau, les gazons,
Ils prennent comme les façons
Et les aspects de la nature.

LES FOSSÉS

Egouttoirs des prés, des pacages,
Des taillis, des vignes, des champs,
Sous les buissons droits ou penchants,
Ils ont des airs de marécages.

Un peu de l'âme de la terre
Et du fantastique du soir
Y couve. Ainsi qu'en un puits noir
On y sent ramper du mystère.

Quand les soleils couchants s'y dardent,
Ils font des cloaques de sang,
Et, lorsque la lune y descend,
Des gouffres blêmes qui regardent.

Il en est où le pied s'enfonce,
De secs, de nus et de boisés ;
Les uns que la pluie a creusés
Et d'autres comblés par la ronce.

On en trouve où, saillant difformes,
Des végétements racineux
S'enchevêtrent, semblent des nœuds
D'immobiles serpents énormes.

Infiltrés par des eaux lointaines
Ou proches, suivant les terrains,
Ceux-ci sont des lavoirs chagrins,
Ceux-là de riantes fontaines.

Plusieurs herbus, d'un mouillé vague,
Montrent maint champignon nabot
Rosé sous son petit chapeau
Et collereté de sa bague.

D'autres humides — bourbeux presque,
Seront la tranquille oasis
Du mignonnet myosotis
Et du gros chardon gigantesque,

Tout le jour longés par la chèvre.
Aux crépuscules pluvieux
Ils sont l'abri mystérieux
Du lapin sauvage et du lièvre.

Comme aussi, la perdrix blessée
Les rencontrant sur son chemin
S'y blottit contre l'être humain
Qui la poursuit dans sa pensée.

Courbant sa tête plate et rase
La couleuvre guettant de haut
Attend longuement qu'un crapaud
Vienne y bomber l'herbe ou la vase.

Certains, broussailleux dans l'eau morte,
Se voient franchis par un grand loup
Faisant basculer sur son cou
Le mouton bêlant qu'il emporte.

Au long des routes et des chaumes
Parfois la misère, le soir,
Sur leurs rebords fera s'asseoir,
Dormir ou songer ses fantômes.

Entre leurs ajoncs, leurs fougères,
Ils deviendront les auditeurs
D'un colloque de malfaiteurs,
D'une causette de bergères.

L'un entend rire d'allégresse
Comme l'autre entendra pleurer.
Plus d'un surprend à soupirer
Deux voix qui fondent leur ivresse.

Car çà et là, tel couple y tombe,
Figurant aux pâles clartés
Deux amants morts ressuscités
S'étreignant dans la même tombe.

LES FOSSÉS

Le silence qui les écrase,
La moite horreur qui les enduit,
En font une chose de nuit
Bâillant dans une louche extase.

Et, quand la nature s'endeuille,
Ils sont la tranchée où, souvent,
On voit balayés par le vent
Bien des cadavres de la feuille.

LES DEUX PLUIES

L'une tambourinant, battant vitres, toiture,
Les herbes, les cailloux, le feuillage, le roc,
Oblique, tiède et lourde, et tombant tout d'un bloc,
Est un épanchement joyeux de la nature.

Aux rayons du soleil chaud qui la diamante,
Lavant les airs, mouillant la clarté qu'elle augmente,
Elle illumine l'ombre et rend moins incertains
Le rocheux des profonds, le boisé des lointains.

LES DEUX PLUIES

De ses fils clairs et gros qui cognent, rebondissent,
Trouant le sol, criblant la surface des eaux,
Elle amuse les yeux et réjouit les os,
Fait qu'à son bercement les tracas s'engourdissent.

Et, presque, on la voudrait de plus longue durée,
On en a le regret quand elle dit adieu,
Car, son grillagement de l'atmosphère a lieu
Sous le beau rire pur de la voûte azurée.

L'autre au coulement droit, monotone, muet,
Froid déluge compact et cependant fluet,
Donnant au paysage un air de cimetière,
Exprime le chagrin de la nature entière.

Sous le ciel qu'elle bombe et qu'elle rétrécit,
Elle éteint l'horizon et condamne l'espace
A l'hermétique horreur de son onde rapace
Qui toujours plus avant le glace et l'obscurcit.

Le lent picotement de ses larmes si molles,
Mais dont la persistance acère la langueur,
Détrempe, liquéfie à force de longueur,
Fait des plus durs chemins d'abominables colles.

Sous le cintré fumeux de sa voûte abaissée
Qu'éclaire sans soleil un jour froid de caveau,
Elle est là, dévidant son sinistre écheveau,
Vous entrant, par les yeux, la mort dans la pensée.

Chose informe, sans teinte, avec tant de silence,
Elle est hideuse et montre affreux, stupéfiés,
Des fantômes d'objets morfondus et noyés
En l'immensité vague où nul vent ne s'élance.

Et toujours elle dure... et c'est le cauchemar,
Le fluide faucheux de l'infini blafard
Dans le vide qu'il comble épaississant sa trame !

La nuit arrive, on voit les choses s'engloutir...
Et c'est si triste alors que vous croyez sentir
Tout le ciel pleurer dans votre âme.

PLUIE MAGIQUE

Immense, et d'un pompeux magique si bizarre,
Apparaissant partout planté de rosiers blancs,
Le parc, abandonné des frais zéphyrs tremblants,
Souffle son parfum mort dans le jour qui s'effare...

Soudain, l'orage éclate et la voix du tonnerre
Au milieu du silence horrible de l'endroit
Roule ! le tourbillon de l'ouragan s'accroit,
Aussi fou que la pluie est extraordinaire.

Car, au torrent à pic de ses gouttes énormes
Se mêle un flux d'infiniment petites formes
Qu'on voit bientôt ramper sous la nue au repos,

Et, la lune glissant sur les brumes décloses,
Diamante et verdit ces âmes de crapauds
Qui savourent la nuit dans la pâleur des roses.

EFFET DE VENT

Aujourd'hui le vent froid qui lutine l'eau plate
La traverse en tous sens, la brosse, la vernit,
L'obscurcit, la débrouille et puis la reternit,
La fustige, la mord, la caresse et la flatte.

Y décochant moiré l'infini des frissons,
Il en tend l'élastique au plaisir de son souffle,
Il la pince, la tord, la creuse, la boursoufle,
A la fois la pétrit de toutes les façons.

Il lui fait des tuyaux, des loupes et des dents,
Après qu'il l'a ridée à plis se confondant
Ou qu'il l'a crespelée en frisons insensibles,

Et, toujours va changeant, furtif, prestigieux,
Le grand morceau muet que chante pour les yeux
Ce liquide clavier sous ces doigts invisibles.

L'ARBRE MORT

Là-bas, où le coteau qui mure l'horizon
Ourle avec ses genêts le bord du ciel sans tache,
Le vieux chêne rigide, en entier se détache,
Noir sur un azur cru, lumineux à foison.

Or, baigné des clartés de la chaude saison.
Ce taraudé du ver, ce rebut de la hache,
Squelette de l'écorce et de la frondaison
Est sinistre déjà !... Mais que le jour se cache...

Vienne le soir avec le hibou gémissant...
Alors, à son aspect, c'est un froid qu'on ressent :
Car, ayant l'air crispé d'un grand spectre en démence.

— A mesure qu'au loin la campagne brunit —
Il surgit tout sanglant du soleil qui finit
Dans la livide horreur de la nuit qui commence.

LES FLEURS DES CHAMPS

La terre aspire l'influence
Du fécondant soleil béni,
Sous le pinceau de l'infini
Qui la décore et la nuance.

La Nature, avec tous ses charmes,
Offre modestes au regard
Ces fleurs qu'elle sème au hasard
Et qu'elle arrose de ses larmes.

Elle qui compose l'énorme,
Elle met tendresse et langueur,
Toute sa grâce et tout son cœur
Dans leur peinture et dans leur forme.

Par ces frêles colorieuses
Du ravin et du bord de l'eau
Le sol, variant son tableau,
A des profondeurs sourieuses.

Ces bonnes petites sorcières
Dont le pouvoir est si soudain
Métamorphosent en Éden
La stérilité des bruyères.

Leurs teintes si bien mariées,
D'aspects si purs, si caressants,
Sont la parure, tous les ans,
Des pauvres tombes oubliées.

Ayant la mouche pour compagne
Qui leur bourdonne sa gaieté,
Féeriques de simplicité,
Elles enchantent la campagne.

Et l'on aime ces fleurs si douces
Qui s'harmonisent à la fois
Au gris des rocs, au roux des bois,
Au vert des herbes et des mousses.

Sous la brume ardente qui bouge,
Bleuets, coquelicots voilés,
Dans le chœur jaunissant des blés,
Chantent leur chanson bleue et rouge.

Elles comblent la fondrière
D'un fleurissement rebondi,
Ecrin de l'espace engourdi
Ou frissonnant dans la lumière.

Aimable au long du sentier rude
On en voit plus d'un clan groupé ;
Elles égayent l'escarpé,
La ruine et la solitude.

Au bord d'un talus qui s'effrite
De beaux petits myosotis
Vous apparaissent — nains blottis —
Sous une haute marguerite.

Ailleurs, d'innombrables aigrettes
De fils d'herbe hauts et tremblants
Bigarrent les grands fouillis blancs
Des virginales pâquerettes.

L'insecte turquoise-améthyste
Sur elles semblant incrusté,
Y vit son immobilité
A la fois si douce et si triste.

Et, le zéphyr qui les balance,
Qui les réveille et les rendort,
Sous la trame des rayons d'or
Ecoute frémir leur silence.

Une inspiration discrète
Sort de leurs coloris charmants
Pour les étreintes des amants
Et la trouvaille du poète.

Attirantes, sans le vertige
Du parfum et de la couleur,
Elles ont un charme enjôleur
Sur la sveltesse de leur tige.

On passe, en voulant s'attarder
Au bonheur de les regarder.
Elles bercent les songeries

Comme elles câlinent les yeux,
Et la tristesse rit aux cieux
Avec ces âmes des prairies.

LE SOLEIL DES FANTÔMES

Fantastique ce soir, la lune
Semble dire du haut des cieux
A ces tourmentés anxieux
Ne sortant plus qu'à l'heure brune :

« Je luis pour les arbres si doux
Qui si spectralement surgissent,
Pour les eaux qui me réfléchissent...
Mais surtout je brille pour vous.

Mes rayons froids, magiques baumes,
Pénétreront vos cœurs jusqu'à ce vieux témoin,
La conscience — dans son coin.

Et personne ne vous verra.
Votre âme solitaire en pleurs s'épanchera :
Cette nuit, je serai le sommeil des fantômes.

LA TOMBE ROSE

Avec l'âme et la chair des roses,
En leur plus pompeux appareil,
La tombe triomphe au soleil
Dans l'aspect noir des croix moroses.
Elle chante comme un réveil,
S'anime, rit parmi ces choses
Arborant l'éternel sommeil.
Et, comme un papillon se pose,
Orné d'un coloris pareil,
Sur ces fleurs fraîchement écloses

Que le zéphyr tient en éveil,
La jeune morte a pris conseil
De la volupté de leurs pauses,
Et, humant leur baume vermeil,
Passionnément, elle cause
Avec l'âme et la chair des roses.

VILLANELLE DE LA NEIGE

Terre et ciel, face-à-face blanc.
Et, continueuse, tenace,
La neige va dégringolant,

Toujours, toujours plus s'installant
Dans la fin d'hiver qui trainasse.
Terre et ciel face-à-face blanc.

Elle enduit l'arbre, le moulant,
Comble la fosse et la crevasse ;
La neige va dégringolant,

Robant les rocs, dissimulant
L'onde à la rigide cuirasse.
Terre et ciel — face-à-face blanc.

Tout s'égalise en se mêlant
Sous la mollesse de sa masse ;
La neige va dégringolant,

C'est flasque, muet, morne, lent,
Avec un tournoiement vorace...
Terre et ciel — face-à-face blanc.

D'une autre teinte, nul semblant
Sur cette couleur qui vous glace !
La neige va dégringolant,

Blanchissant tout, emmitouflant
Le moindre objet, la moindre place...
Terre et ciel — face-à-face blanc.

VILLANELLE DE LA NEIGE

Parfois, de grands souffles roulant
Murmurent comme une menace ;
La neige va dégringolant.

Et puis, le calme affreux, troublant,
De nouveau se recadenasse.
Terre et ciel — face-à-face blanc.

Plus un cri parleur ou bêlant !
Plus même la voix qui croasse !
La neige va dégringolant :

Elle a confisqué, redoublant,
Tous les bruits qu'elle matelasse.
Terre et ciel — face-à-face blanc.

C'est le plein silence accablant
Dans un demi-jour qui brouillasse :
La neige va dégringolant.

Abîme nu, gouffre aveuglant,
Mort, s'immobilise l'espace.
Terre et ciel — face-à-face blanc.

Par l'immensité s'envoilant,
Entre les lointains qu'elle embrasse,
La neige va dégringolant.

Alors, le regard s'y collant,
Au carreau, lugubre, on rêvasse...
Terre et ciel — face-à-face blanc.

On sent son deuil plus harcelant,
Et son angoisse plus vivace;
La neige va dégringolant...

L'âme en ce vide ensorcelant,
Se voit comme dans une glace.
Terre et ciel — face-à-face blanc !

VILLANELLE DE LA NEIGE

Et, lente aussi, s'amoncelant,
L'horreur vient, la peur vous enlace...
La neige va dégringolant.

Et, vous quittez, spectre tremblant,
La fenêtre où l'ombre s'amasse...
Terre et ciel — face-à-face blanc —
La neige va dégringolant.

LES APPARITIONS

L'OURAGAN

Convulsion de la Tempête
Par les immensités vaguant,
La musique de l'ouragan
Commence où la nôtre s'arrête :

Car, avec l'effrayant prestige
De ses mugissants lamentos,
Elle traduit tous les chaos,
Tous les abimes du vertige.

L'OURAGAN

Interprète d'éternité,
N'exprimant de l'humanité
Que le tourbillon de sa cendre,

Elle évoque, seul dans sa nuit,
Dans le secret de son ennui,
L'Infini... pour qui sait l'entendre.

ORAGE EN FORÊT

La forêt gigantesque accomplit sa torpeur
      Sous l'orageux vermeil
      Du soleil ;
      Branche et tige
      Tout s'y fige...
Tout s'y prostre accablé de songe et de stupeur.
      D'un oiseau qui voltige
      Nul éveil !
      Et pareil
      Au vertige
Y couve un tourbillon qui vous donne la peur,

ORAGE EN FORÊT

Leur cime ayant alors l'inerte de leurs troncs,
        Ces grands arbres lépreux
              Sont affreux,
           Léthargiques
           Et magiques,
Tels que lorsque la nuit vêt leurs pieds et leurs fronts.
        Ils se dressent tragiques,
           Bossus, creux,
           Noirs, cuivreux,
           Magnifiques
De vieillesse et d'horreur sous leurs feuillages ronds.

Sur l'herbe qui croupit blême par le plein jour
        Ils dégagent encor
           De la mort
           Par leur teinte
           Presque éteinte.
Maintenant, s'épaissit l'air qui vibrait autour :
        C'est une vapeur peinte
           De décor...
           Lourd il dort,

Moite il suinte
Dans ce caveau des bois qui chauffe comme un four.

En la morne clairière où l'obscur filet d'eau
   A tu son gazouillis,
    Du treillis
    De leurs branches
    Il s'épanche
Vague, une ombre qui fait un plus vague rideau.
   De grandes formes blanches
    Aux fouillis
    Ébahis
    Vont, se penchent,
Semblant soulever un invisible fardeau.

Encore s'aggravant du chant mystérieux.
   Du crapaud si perdu,
    Plein et nu
    Règne en maître
    Sur les hêtres,

ORAGE EN FORÊT

Sur les chênes, partout, le silence des cieux.
       Et le soir long à naître
            Est venu,
            Inconnu
          Qui peut-être
Apporte la tempête aux arbres anxieux.

Et c'est elle en effet qu'il prédit ! Tout à coup
       Tremble avec des arrêts
           La forêt...
          Elle claque
          Sous l'attaque
Des grands souffles du vent qui font comme un remous.
       Et puis, la voûte craque,
           Et, d'un trait,
           Disparaît
          Noire opaque,
Précipitant l'éclair et des grondements fous.

La pluie en se ruant comme un torrent des airs
        Acharne encor le vent

Qui la fend,

La refoule

Et la roule,

Sillonnant sa rumeur de hurlements amers.

Les tonnerres s'écroulent,

Se suivant,

Recrevant

L'eau qui houle

Dans un noir ténébreux comme le fond des mers,

Si convulsifs qu'on les dirait déracinés,

Les arbres se crispant

En serpents

Sifflent, geignent,

Et s'étreignent.

Ils emmêlent tordu leur feuillage fané

Que l'eau croûlante baigne,

L'écharpant,

Et qui pend

Et qui saigne

Au rouge flamboiement des éclairs forcenés.

Et c'est le chaos gouffre où le bois tout entier
S'engloutit ondoyant,
Tournoyant
Noir, liquide,
Dans le vide,
Jusqu'à ce que l'orage ait fini d'effrayer
La lune qui, livide,
Souriant
En brillant,
Rôde humide
Sur la grande forêt qui va resommeiller.

L'INCENDIE

Ce jour-là, dissipant sa brume coutumière,
Epanouissant chauds ses rochers et ses houx,
Taciturne, au vol fier de ses grands aigles roux,
La montagne en torpeur vibrait dans la lumière.

A mi-côte, engourdi comme un lézard des pierres
Je buvais l'horizon, le val et le ravin,
Et, les heures s'usant trop vite, le soir vint...
Quand l'Enfer fit soudain se fermer mes paupières :

L'INCENDIE

Une forêt flambait, brûlant les paysages,
Pendant que le soleil mourait dans les nuages ;
La magnifique horreur me tenait frémissant,
Cloué sur la montagne, entre deux lacs de sang :
L'un, froidi, qui caillait ses pourpres déjà vagues,
L'autre, écarlate ardent, qui soulevait ses vagues.

Je m'enfuis... sous mes pas le sol était pareil
A du feu — toujours plus, la fournaise agrandie
Rendait l'espace au loin hideusement vermeil.
Derrière moi, venant d'éteindre le soleil,
La nuit, sous les cieux bas lugubrement ourdie,
Allait mêler — grondant, ses souffles en éveil —
Le drame de l'orage avec la tragédie
       Diabolique de l'incendie !...

LUNE ROUGE

La lune affreuse qui consacre
L'horreur de cette nuit d'hiver
Luit de tous les feux de l'Enfer,
Et, sanglante comme un massacre,
Au-dessus du puits découvert.

Elle ajuste, immobile et ronde,
A ce gouffre immobile et rond,
Son rayonnement qu'elle y fond ;
On dirait vraiment qu'elle en sonde,
Qu'elle en ausculte le tréfond.

Comme plus froids de l'air qui gèle,
Sans qu'un coup de vent les flagelle,
A plomb coulent ses reflets droits
Qui vermillonnent les parois
Et cramoisissent la margelle.

Toujours croupissant dans sa pause,
Rivé morne au béant du puits
Où sa pourpre tremble et se pose
De plus en plus l'astre des nuits
Illumine l'horrible chose.

Et, tellement creux s'y concentre
Son ombre écarlate, qu'elle entre
Dans l'eau verte comme du fiel ;
Et, c'est d'un terrible mystère
Ce cœur tout saignant de la terre
Sous l'œil sanguinolent du ciel !

LES APPARITIONS

Image d'assassin qui la nuit se regarde
Longuement, fixement dans sa glace blafarde
Et qui, de son remords rouge l'éclaboussant,
Se mire, ensanglanté, dans un cristal de sang !

LA GROTTE

Dans la grotte où la peur d'une affreuse tempête
Par un couloir à pic avait conduit mes pas,
S'engouffrait mon regard, mesurant de si bas
L'énorme hauteur d'ombre au-dessus de ma tête.

Du sol mou, de la voûte et des parois funèbres,
A bouffements visqueux fluait l'humidité.
J'avais l'impression que de l'hostilité
Se projetait sur moi de toutes ces ténèbres.

Car, par ses seuls effets, la nuit rendait sensible
La chimérique horreur des démons et des morts,
Faisant flotter les bras de tel monstre sans corps,
Ramper le pas suiveur de tel être invisible.

Le clair-obscur chagrin qui pleurait dans ce vide
Ne filtrait pas des murs non plus que du plafond :
C'est parce qu'il sortait de terre, du fin fond,
Qu'ainsi tout tremblotait hideusement livide.

C'était un jour complexe et qui changeait de place :
Ici, brume verdâtre, et là, fumeux rideau.
Ailleurs, noyant le noir comme une masse d'eau,
Et, plus loin, s'y plaquant, vitreux comme une glace.

Mon regard s'embrouillait, trébuchant, incapable
De préciser l'aspect toujours fallacieux,
Si bien, qu'hallucinés par leur doute, mes yeux
Dans l'informe à présent voyaient de l'impalpable.

LA GROTTE

La profondeur des coins tout grouillants d'ombre froide
Y laissait supposer du reptile à foison ;
Sous mes pas maint bourbier, comme un lac de poison,
Tendait le guet-à-pens de son eau blême et roide.

L'étrangeté des bruits formait à voix couvertes
Comme un parler confus, appelant et rôdeur ;
Des respirations vagues traînaient l'odeur
Qui monte des caveaux et des fosses ouvertes.

Tel murmure partait de tel objet muet ;
Et l'Animé stagnait, l'Inerte remuait,
Avec ce geste errant qui cherche et qui vous frôle.

C'était l'horreur magique, à craindre qu'une main,
Celle de la Mort même, en grand squelette humain,
Ne s'abattît soudain, lourde, sur mon épaule.

Aussi, lorsque sorti de ce terrible abime
Où j'avais pu compter les toc-toc de mon cœur,
Je repris mon chemin, — j'en usai la longueur
A me redire, avec quelle stupeur intime !

« Nos savants cauchemars, cette vaine pâture
Que notre esprit invente à ses besoins d'effroi...
Qu'est-ce donc à côté du fantastique froid,
Du simple monstrueux créé par la Nature ! »

ENFIN LA NUIT !

S'écroulant dilaté, pendu toujours moins haut,
      Le sanglant astre en feu,
          Peu à peu,
          Se recule
          Et s'annule.
L'onde à souffles froidis éteint barque et roseau ;
      Le gris du crépuscule
          Teint l'air bleu
          Où se meut
          La virgule
Que fait double au lointain le vol d'un grand oiseau.

Encore çà et là flottent des papillons.
On voit se rassembler,
Se mêler
Bien des ailes
Toutes frêles,
Tourniquant leur trépas dans les derniers rayons ;
Et voici demoiselles
Revoler,
Sauteler
Sauterelles
Dans le blême où tremblote un brumeux vermillon.

Puis rien ne bouge au ras des herbes et de l'eau ;
Le marécage épais
Prend la paix
Du mystère
Et s'enterre.
On ne distingue plus la blancheur du bouleau ;
L'ombre revient austère
Aux secrets
Des forêts

ENFIN LA NUIT!

        Solitaires ;
La couleur, à son tour, s'efface du tableau.

Il monte alors des fonds de limoneuses voix :
        Le sinistre miaou
           Du hibou
        Mord, relance
          Le silence ;
La chouette ricane et pleure aussi parfois ;
        La feuille se balance
          Au frou-frou
          Du vent mou.
        Somnolence,
Et vague horreur planant sur la cime des bois !

Enfin ! morts les aspects, meurent aussi les sons :
        Les sons froids et chagrins,
          Souterrains,
        Cris d'extase,
        De la vase !

L'oiseau nocturne au creux des arbres en frissons
Tait sa phrase ;
Brins à brins
Cieux, terrains,
Tout s'écrase,
S'abîme dans le noir qui ferme ses cloisons.

Pleine ombre ! Hors de moi je prends enfin l'essor !
L'homme dit à la Nuit
Son ennui...
L'âme avide
Se dévide
Dans ce gouffre assez creux pour cacher le remord !
A son charme perfide
Et si fort
Mon cœur dort
Dans le vide,
L'obscur et le néant comme un cœur déjà mort !

LE VOYAGEUR

Pluie oblique, vent serpentin,
Et bruit grondant sur la bruyère ;
De grands flamboiements au lointain...

Or, les ténèbres ont atteint
Et noyé la campagne entière.
Tout est moite, informe et déteint :

C'est l'opaque après l'indistinct !
Là, le cavalier solitaire
S'avance et recule incertain.

Il sent le danger clandestin
De ce limoneux coin de terre
Où l'a conduit, fourbe et mutin,

Un farfadet, mauvais lutin.
Certe ! il est homme à caractère,
Il a le cœur ferme et hautain !

Mais un pas de plus ! son destin
Pourra bien être qu'il s'enterre :
La sangsue attend son festin

Dans ce marais qui s'est éteint
Sans avoir fini de se taire,
Car plein d'horreur et de venin,

Par ce temps noir, si peu bénin,
Il renforce au fond du mystère
Ses voix de sorcière et de nain.

L'homme égaré frémit d'instinct,
Il entend battre son artère.
Quoi ! rester là, jusqu'au matin !

La peur donne un son souterrain
A ses appels qu'il réitère...
Et sa jument mâche son frein,

Elle s'agite, elle se plaint,
Et d'une stridente manière,
Par instants, hurle à son poulain.

Il crie encor... toujours en vain !
Tout à coup un fil de lumière
Luit là-bas, mais si fin, si fin !...

Il s'en guide et près d'un ravin
Rencontre une auberge-chaumière.
Comme il a plus sommeil que faim

Il prend à peine un doigt de vin,
Ronfle un peu le front sur son verre
Et monte se coucher : enfin !

Mais chez cet engourdi, soudain
Un réveil anxieux s'opère :
« Pas d'armes ! pas même un gourdin !

L'hôtelier a l'air d'un gredin
Et sa femme d'une vipère,
Malgré leur langage badin !

Le fils ? un sournois patelin !
L'aubergiste et lui font la paire...
Et quel gaillard herculéen ! »

Un avertissement divin
Lui dit qu'il est dans un repaire...
Vite, avec un œil de devin,

Le teint couleur de parchemin,
Il s'en va droit au lit qu'il flaire,
Et dessous trouve un corps humain,

Un mort, comme il sera demain,
Tout à l'heure même ! Que faire ?...
Il l'arrache par une main,

Met au lit l'affreux mannequin
Qui devra bien le contrefaire,
Et prend sa place. — « Cré coquin ! »

Grince en bas le vieux, âpre au gain :
« Encor cette nuit, bonne affaire ! »
Et montrant ses dents de requin,

Il ricane : « Pas de voisins !
Rien que les trois croix du calvaire
Pour dénoncer les assassins ! »

Au dehors, lugubre et malsain,
L'orage humide persévère ;
Le ciel est d'un noir de fusain.

Minuit tinte comme un tocsin
A l'horloge oblongue et sévère :
Ils vont accomplir leur dessein.

Rampant à genoux, sur les poings,
Ils montent l'escalier de pierre ;
Devant la porte aux ais mal joints,

Avec un falot très ancien,
Le couple attend. Le gars compère
A peine entré, ressort. — « *Eh bien?*

— *Ça y est! J'ai mis peu de temps, hein?*
— *Et l'hache?* demande le père...
— *Elle est là, sur le traversin.* »

LE VOYAGEUR

Mais quelqu'un, rompant l'entretien,
Apparait vêtu d'un suaire...
— C'est le premier mort qui revient !

Et voici le second ! Il tient
Et brandit l'arme meurtrière :
Trois coups sourds, trois cris, puis plus rien.

Et, sous le ciel toujours chagrin,
Le cavalier fend l'atmosphère,
Tant elle accélère son train

La grande jument poulinière !

LE VIEUX PAUVRE

Dans ce pays lugubre, épineux et mauvais,
Parsemé d'étangs noirs, masqué de bois épais,
Où le murmnre errant s'étouffait comme un râle,
Le soir allait bientôt filer sa toile pâle.

Le soleil écroulé sur les hauteurs chenues,
Réduisant ses rayons toujours plus rapprochés,
Vermillonnait les airs, les feuilles, les rochers,
Saignait, liquéfié, sa pourpre au bas des nues.

LE VIEUX PAUVRE

Tout à coup descendant la colline, effrayant
D'âge et de majesté, surgit un mendiant !
Et mon regard, montant des profondeurs blafardes

Au sommet de ces bois écrasés de sommeil,
Vit en ce grand vieillard dont rougeoyaient les hardes
Le Temps qui cheminait dans le sang du soleil.

LE BOHÉMIEN

Il est parti, le saltimbanque,
Des hameaux inhospitaliers ;
Ventre creux, fourbu, sans souliers,
Il marche et la force lui manque.

Par une route en entonnoir
Qui longe une eau couleur de suie,
Il traverse un val deux fois noir
Des ténèbres et de la pluie.

Ses jambes sous le vent qui beugle
Entr'ouvrent leur douteux compas,
Mesurant leur écart au pas
Du pauvre petit âne aveugle.

Celui-ci, jamais à la fin
De son chemin toujours contraire,
Par intervalles, vient à braire
Pour crier son mal et sa faim.

Lui le traine, — dans la carriole
L'enfant geint, la femme s'étiole...
Et le damné, pris de terreur,

Frémit, au destin rend les armes...
La Nuit voit longtemps, pleins d'horreur,
L'Homme et le Ciel mêlant leurs larmes.

NUIT DE MENDIANT

Dans l'étable où, guetteuse, à son mur solitaire,
Mainte araignée ourdit son filage muet,
Le mendiant s'éveille, et s'étonne inquiet
D'un bruit dont le tumulte augmente le mystère.

C'est sourd, compact, avec des cliquetis de chaînes...
Un grand piétinement qui se rue et qui court...
Une rumeur massive où passe un souffle lourd
Comme celui du vent d'orage dans les chênes.

NUIT DE MENDIANT

Voici qu'entre les bœufs, sur la paille de chaume,
Par eux tous longuement, avidement humé,
S'en dresse un autre, brun, tout de vague embrumé,
Qui n'est, visiblement, qu'un horrible fantôme.

Certe ! Ils ont reconnu dans cette forme noire
Un des leurs disparus ! car l'accueil qu'ils lui font
Prouve par l'accent doux de leur beuglé profond
Qu'elle n'a pas cessé de hanter leur mémoire.

Un magique pouvoir a délié ces bêtes
Qui vers le spectre ami tendent leurs grosses têtes ;
Et, glacé de terreur sous ses haillons bourbeux,

Frissonnant attendri, du fond de son coin sombre,
Le pauvre mendiant regarde tous ces bœufs
Qui caressent du vide et qui lèchent de l'ombre.

LE MALFAITEUR

Un soir d'hiver, un homme vient
Et loge à la sinistre auberge
Qu'auprès d'un bois, sur une berge,
Seule, âgée, une femme tient.

Mais, prudemment, du pas, de l'œil et de l'oreille
La fine hôtelière surveille.
Elle voit l'homme au lit, par le trou de la porte,
Et l'entend dire : « Où diable est caché son trésor?...
Au fait, reposons-nous d'abord!...
Nous le trouverons bien, quand elle sera morte. »

A peine a-t-il éteint que dix doigts tout à coup
       Se plantent crochus dans son cou...
       Et la vieille raille et lancine
Son agonie obscure et qu'elle fait trainer,
Ricanant : « Tu venais, toi pour m'assassiner ?...
       Eh bien ! c'est moi qui t'assassine ! »

LA DÉVOTE

Famille, argent, plaisir, besoins de corps et d'âme,
Elle a tout dédaigné pour posséder aux cieux
L'Éternité béate en un corps glorieux...
Or, voici qu'elle est là, mise en bière, la Dame.

Personne dans la chambre ! un bouquet blanc se pâme
Sur le couvercle, auprès d'un petit buis pieux ;
Les cierges, tout autour, dardent, silencieux,
Le tremblotement blême et pointu de leur flamme.

LA DÉVOTE

Soudainement, la boîte s'ouvre !
La face de la morte en entier se découvre
Et la déception, pleine d'horreur, s'y peint :

L'Invisible vient de lui dire
« Néant ! » Elle revit le temps de se maudire,
Et, tout seul, se reclôt le cercueil en sapin.

L'ENSEVELISSEUSE

Une très vieille repasseuse
Rend ici les funèbres soins :
Tous les hameaux, fermes, recoins,
Connaissent l'Ensevelisseuse.

On voit marcher une sorcière
Quand vers la maison d'un trépas
Devant vous se hâtent les pas
De la sépulcrale ouvrière.

L'ENSEVELISSEUSE

Elle arrive : son doigt tapote.
C'est elle, ce toc-toc discret !
On frémit, lorsqu'elle apparaît,
Haute et droite dans sa capote.

Elle en a tant fait des toilettes,
Des empaquetages de morts,
Elle a tant manié de corps
Boursouflés ou déjà squelettes,

Elle a clos tant de bouches vertes,
Tant d'yeux fixes vitrifiés,
Elle a joint, les doigts repliés,
Tant de livides mains inertes,

Elle en a tant vu, vieux et vierges,
Grands, petits, par elle habillés,
Et par elle ensuite veillés,
Froidissant jaunes sous les cierges,

Qu'il s'est empreint sur les traits creux
De son dur visage d'ancêtre,
Dans l'allure de tout son être
Comme un cachet cadavéreux.

Elle a pris un aspect funeste.
Ce long contact blême et glacé
A tout surnaturalisé
Sa voix, son regard et son geste.

Au long d'un mur ou d'un buisson,
Elle surgit! C'est le frisson.
Et celui sur qui son œil tombe

Ne peut s'empêcher de songer
Qu'elle va bientôt le changer
Et le costumer pour la tombe.

LE CHARBONNIER

I

Brr ! au bois il ne fait pas bon !...
La nuit déjà froide à sa chute
Glace de minute en minute :
Il gèle à fendre le charbon.

Pour l'heure, le pauvre barbon,
En sa misérable cahute,
Apprête une soupe au jambon
Dans un grand pot de terre brute.

« Ma foi ! grogne-t-il, quoi qu'on fasse,
C'est bien dur de vivre tout seul !
On a le temps dans son linceul
D'être son propre face-à-face !

Je m'ennuie au coin de mon feu.
Si même un loup venait un peu
Luminer avec ses prunelles ! »

Et soudain, comme si quelqu'un
Poussait la porte... il en entre un
Dont les deux yeux sont des chandelles.

II

Ce charbonnier-là devait être
De ces meneurs marchant la nuit,
Car le loup a rampé vers lui
Comme un chien rampe vers son maître.

« Toi ! dit le vieux, pour tout à coup
Tomber là, juste à ma pensée,
Tu m'as l'air d'une âme passée
Dans la forme et la peau d'un loup !

Mais sois diable, bête ou fantôme,
Réchauffe-toi bien, mange et bois,
Avant de regagner tes bois,
Et reviens me voir sous mon chaume. »

Et le loup qui paraît comprendre,
Après s'être assis dans la cendre,
Engloutit son repas rustaud ;

Et puis, de la porte qu'il flaire,
Jappant sec pour dire : « A bientôt ! »
Il disparaît dans la nuit claire.

LE GÉANT ET LE NAIN

C'est à l'aube parmi d'innocentes forêts
Où l'oiseau se réveille aux pleurs de la rosée ;
La lumière renaît, humide, tamisée
Par l'amas engourdi des grands feuillages frais.

Un chêne est là dressé, la tête près des nues.
Survient un nain, tenant entre ses mains menues
Quelque chose qui jette au loin des éclairs froids...
Puis, quand il a flairé cet arbre plusieurs fois,

LE GÉANT ET LE NAIN

Il s'en rapproche, ainsi qu'une bête à venin,
Et lui tranche le pied avec un air de haine.
Mais, le Géant s'écroule en écrasant le Nain !

Juste revanche ! L'un à tomber fut plus prompt
Que l'autre à fuir ! Ainsi, souvent, le bûcheron
Expie au fond des bois l'assassinat du chêne.

LE BATELIER

Lugubre, horrifiant les cieux, les paysages
Qu'ébranlaient, caverneux, des coups de foudre longs,
La tempête, soufflant des hauteurs et des fonds,
M'avait surpris, le soir, dans de grands marécages.

En hâte, je franchis bois, ravine, bruyère,
Des fouillis de chardons, des nappes de bourbiers,
Des pacages mouvants, bossus, creux et noyés,
Et, sur la berge enfin je longeai la rivière.

Là passer était bien mon plus court ! mais, personne,
Meunier ni batelier, nul ne m'attendait là :
Lorsque je vis surgir sur un grand bateau plat
Un homme étrange ! encore aujourd'hui j'en frissonne.

Vers moi, sans que je l'eusse appelé — de lui-même,
En manœuvrant sa perche avec solennité,
Il vogua — mit sa barque à ma commodité,
Et, muet comme lui, j'y descendis tout blême.

Tel m'apparut cet être en son chaland énorme
Sur l'opaque rivière affreuse à cet endroit :
Gigantesque, rigide, automatique, droit,
Terrible d'inconnu, d'attitude et de forme.

D'un hideux sardonique et d'un goguenard grave
Sa face avait le ton des corps parcheminés,
Son squelette saillait sous ses habits fanés,
Bouche ouverte, il dardait l'obscur de ses yeux caves.

Sorte de spectre errant, de fantôme en voyage,
Il figurait le Temps, le Mystère, la Nuit.
L'onde ne semblait pas plus durable que lui,
Décharné si funèbre et qui n'avait pas d'âge.

Lent, dans le crépuscule, au rouge flamboiment
Des éclairs, il rama silencieusement,
Sans un mot, me suivit sur le vaseux rivage,

Et, soudain, disparut en me tendant sa main
Froide! — Ce fut la Mort en personnage humain
Qui me fit passer l'eau, par cette nuit d'orage.

LES DEUX RÉVEILS

Laissé seul, le défunt qui n'était qu'endormi...
Dans une odeur de cierge et d'encens se réveille :
Il en a froid aux os ! mais, il prête l'oreille...
Ce bruit-là... c'est ! comment ! Il en a refrémi.

O sacrilège affreux ! par une nuit pareille,
Sa femme qui le trompe avec son vieil ami !
Epouvantable, il guette... et, quand, las et blémi,
Le couple scélérat profondément sommeille,

D'un grand nœud passé brusque et serré tout d'un coup
Il étrangle l'amant qu'il porte il sait bien où...
Et l'autre, le matin, jusqu'au lit mortuaire,

Pleine d'horreur, s'avance au bras de son époux
Qui ricane en grinçant : « Dites ? qu'en pensez-vous ?
N'est-ce pas que ce mort fait bien dans mon suaire ? »

LA CAUSE PREMIÈRE

Si, simple en mon désir toujours plus rétréci,
Je végète mes jours en paix, loin du mensonge,
Du par delà la mort n'ayant plus le souci,
C'est depuis qu'une nuit je crus m'entendre en songe
Par la Cause première interpeller ainsi :

— « Je me borne à donner la vie :
C'est toute ma maternité.
Qui m'invoque se mystifie.

A mes œuvres rien ne me lie,
Leur fait est ma nécessité.
Je me borne à donner la vie.

Je plante l'arbre et je l'oublie,
Je l'ignore une fois planté.
Qui m'invoque se mystifie.

Je ne suis donc point asservie
A la responsabilité.
Je me borne à donner la vie.

Nulle existence n'est suivie
Par mon impassibilité,
Qui m'invoque se mystifie.

Je crée en la monotonie,
Je répète le répété,
Je me borne à donner la vie

LA CAUSE PREMIÈRE

Je sers l'immuable harmonie
A l'immuable immensité.
Qui m'invoque se mystifie.

Je pratique égale, infinie
L'indifférente Éternité.
Je me borne à donner la vie.

Religion, Philosophie
Se cognent à ma surdité...
Qui m'invoque se mystifie.

On m'affuble, on me gratifie
Des façons de l'Humanité,
Je me borne à donner la vie.

On m'attribue amour, furie,
Humeur, susceptibilité...
Qui m'invoque se mystifie.

On me voit veillant attendrie
Toute à tous dans l'ubiquité...
Je me borne à donner la vie.

Sache-le, toi qui me convies
A tes rêves d'inanité,
Qui m'invoque se mystifie.

Donc, que par sa propre magie
L'homme aide son infirmité !
Je me borne à donner la vie.

Qu'il me laisse à ma léthargie,
N'ait foi qu'en son activité !
Qui m'invoque se mystifie.

Que jamais son cœur ne dévie
De la route de la bonté !
Je me borne à donner la vie.

Que sa sagesse raréfie
Les poisons de l'hérédité !
Qui m'invoque se mystifie.

Qu'il se garde une âme ravie
Par la règle et la pureté !
Je me borne à donner la vie.

Il sera calme et fort s'il plie
Son orgueil à l'humilité.
Qui m'invoque se mystifie.

Mais, que surtout il se défie
De son goût d'immortalité !
Je me borne à donner la vie,
Qui m'invoque se mystifie. »

LE JOUR DES MORTS

C'était le jour des morts qui met sur les chaumières
Sur les ondes, les prés, les bruyères, les bois,
Comme le reflet noir et blanc des cimetières.

Mieux encore la brume évoquait le suaire,
Et, spectres des chemins, davantage les croix
Infligeaient au passant le rappel mortuaire.

J'errais sans but, en compagnie
Du frisson peureux et navré,
Dans un paysage enterré
Trainant mon horreur infinie.

LE JOUR DES MORTS

La bruine épaisse d'automne
Recouvrait d'un poisseux linceul
Le val qu'elle rendait plus seul,
Plus hideusement monotone.

Hâve en ses grands feuillages bruns
Eplorés sur le gris des roches,
L'horizon, tout geignant des cloches,
Semblait gémir pour les défunts.

Et, pleur aigu, sanglot qui tinte,
Uniforme dans sa longueur,
Le glas sorcier creusait mon cœur
Du goutte à goutte de sa plainte.

L'eau plate figeant ses ténèbres,
La terre nue et le ciel blanc,
Tout s'harmonisait ressemblant
Avec mes sentiments funèbres.

Ici, l'amas terreux des pierres
Formait des ossements flétris ;
Là, couchés, de vieux troncs pourris
Semblaient des gisements de bières.

Une émanation d'alarmes
De partout suivait mon chemin :
La pluie exprimait l'être humain,
Le symbolisait dans ses larmes.

Dans l'air morfondu le vent tiède
Rappelait furtif, murmurant,
Le dernier souffle d'un mourant
Ou le râle qui le précède.

Comme aussi la feuille jaunie
Quittant l'arbre énorme ou fluet,
Figurait le départ muet
D'une âme au bout d'une agonie.

La nature, par sa misère,
Par son deuil, sa morosité,
Consacrait la solennité
De ce lugubre anniversaire.

Et je me disais sur ma route,
Cherchant en mon cœur plein d'effroi
A me composer une foi
Des lambeaux d'espoir de mon doute :

« Sans qu'hélas ! mes regrets s'apaisent,
Tous ces morts que j'ose appeler
Finiront bien par me parler
Depuis si longtemps qu'ils se taisent ?...

La forme aujourd'hui trépassée
Se ranime ailleurs désormais ? »
— Une voix répondit : « Jamais ! »
Aux prières de ma pensée.

Elle ajouta : « Ton âme fière
Inutilement te rongea
Et te ronge. — Elle n'est déjà
Qu'une exhalaison de poussière.

Vainement ton orgueil se fie
A la nuit du gouffre béant :
La réalité du néant
Couve le songe de la Vie... »

Tout à coup, l'arc-en-ciel surgit
Sur le mouillé de la lumière,
Par-dessus bois, monts et rivière...
Puis, l'astre sombra — l'air fraîchit.

Et voici qu'apparut, brusque, au même moment,
Avec un fatidique et long croassement,
Un corbeau déployant son vol fier et rapace ;

Je frémissais déjà, je frissonnai plus fort...
Ayant cru voir passer la triomphante Mort
Sous l'arc aux sept couleurs du Temps et de l'Espace.

LE FAIRE-PART

Très longtemps dans la vie et bien souvent très tard
   Notre impression est la même
   Toutes les fois qu'un faire-part
Brusque nous dit la mort de quelqu'un que l'on aime.

C'est d'abord du regret qui tient l'âme oppressée.
   Ensuite, on songe avec effroi :
   « C'est lui !... ce pourrait être moi !... »
A chaque nouveau deuil revient cette pensée.

LE FAIRE-PART

Puis, votre frisson s'use à trembler le destin ;
Calme, vous voyez fuir à leur terme certain
      Les jours du prochain et les vôtres ;

Enfin, vous devenez l'indifférent du sort,
Le désintéressé de votre propre mort,
      A force d'enterrer les autres.

LA CROIX NOIRE

A l'enterré la croix, avec dérision,
      Dit : « Ta croyance est folle
De me prendre aujourd'hui pour gage et pour symbole
      De résurrection !

    Je me dresse noire et vivante
    Sur les ruines de ton sort ;
    J'arbore et proclame ta mort
    Dont l'éternité t'épouvante.

LA CROIX NOIRE

Je fais le vide plus béant
A ta forme qui fut si brève ;
Ma présence ici parachève
Le décrété de ton néant.

Je représente, lisse et froid,
Un poignard monstre qui, tout droit,
Semble, au milieu d'un noir mystère,
Vouloir te retuer sous terre,
Dardant sournois, fixe et vainqueur,
Sa pointe énorme vers ton cœur. »

SOIR D'ENTERREMENT

Sorti du cimetière où l'on a vu, ce semble,
Dans l'inhumation que dévorait notre œil
Le morne engouffrement de son propre cercueil,
On vague abandonné de sa raison qui tremble.

Sous le ciel rouge ou blanc, d'azur, d'ombre ou de cuivre,
Dans un chaos pensant cœur envertiginé,
On rumine à la fois sa haine d'être né
Et sa peur du trépas que l'on sent vous poursuivre.

Puis, par degrés, l'horreur se retire de vous,
Ce grand tourment devient si distrait et si doux
Qu'ici, là, vos regards détaillent, font des pauses :

Votre sang-froid revient de vous être isolé
Dans l'espace éternel où l'on est consolé
    Par l'indifférence des choses.

CERCUEIL DE VIERGE

Atténuant pour l'œil sa masse oblongue et roide
Sous l'hermine du linge et la neige des fleurs,
Gît la bière, où, devant les regrets et les pleurs,
Blémit celle qu'attend bientôt la terre froide.

Le feu pâle et la cire ivoirine des cierges,
Le rythmique troupeau des porteuses en blanc
Ajoutent un voilé poétique et dolent
A ce coffre enfermant la plus douce des vierges.

Mais, au bord de la fosse, en hâte dévêtu,
Dépouillé de son drap, il apparait si nu...
Que l'esprit révolté par ce brutal tableau

Evoque, au lieu du jaune atroce de la planche,
Une humble boite en jeune écorce de bouleau :
Cercueil encore blanc de cette morte blanche.

LES DEUX SQUELETTES

Ce chêne gigantesque, écorché, sec, chenu,
Aux regards n'était pas pourtant tout à fait nu...
Car, il montrait cordée à sa plus grosse branche
Une carcasse humaine aux trois quarts nette et blanche.
Et je pensai devant le spectral inconnu :

« Pourquoi choisir exprès dans ce bois, pour se pendre,
Juste le plus vieil arbre et le plus haut encor?...
— Voulut-il — c'est du moins ce que je crois comprendre
Symbolisant ainsi son besoin de la mort,
Être plus près du ciel pour mieux railler le sort? »

Mais le chêne en dépit de l'infâme dépouille
Restait fier sous sa mousse et ses lichens de rouille,
Et, le flambant soleil qui les cuisait tous deux

Semblait me dire à moi blême et froid comme un marbre :
— « Hein ! le squelette humain est-il assez hideux,
Assez vil à côté du squelette de l'arbre ! »

LA TÊTE DE MORT

Au crépuscule, un jour, près d'un vieux cimetière,
Je reculai devant une tête de mort
  Qui, m'étant apparue immobile d'abord,
  Se mit à trébucher d'une étrange manière.

J'osai la soulever et je vis, par ses trous,
Bougeant, pelotonnée, une forme pansue,
  Quelque chose de noir, de marbré jaune et roux :
  Un crapaud renfermé qui cherchait une issue.

LA TÊTE DE MORT

Ah ! combien l'aspect de la bête
Me les fit concevoir affreux
Les jours passés du malheureux
Représenté par cette tête !

Et, dans le soir, mon âme en frémissant se dit :
« L'âpre fatalité contre l'être maudit
      Ne s'est donc pas encor lassée

Que le songe d'horreur qu'il vécut ici-bas
Rampe toujours depuis un si lointain trépas
      Dans la boîte de sa pensée ! »

LE GRAND RIRE

Dans l'orgie aux fougueux délires
S'étreignent convulsés tous les couples ardents,
De haut en bas montrant leurs dents,
Sous les hoquets du spasme et des éclats de rire.

Et la salive monte et perle à ces ivoires,
Mousse à ces émails découverts,
Faisant flamboyer moite aux lustres de l'Enfer
La nudité de ces mâchoires.

LE GRAND RIRE

Mais dans la salle entre soudain
La Mort qui grince avec dédain
Ces mots terribles : « Hein ? vous autres
Les rieurs, n'est-ce pas qu'il est,
Mon grand rire fixe et muet,
Encor mieux denté que les vôtres ! »

LA MORT SINCÈRE

Or, cette fois, la Mort parlant bien pour son compte
  Et non pas par l'homme, lui dit :
« Ton destin naturel n'est nullement maudit...
  Tu descends au point d'où tu montes.

Avant d'être animé sous ta forme qui pense,
  Creuse son mal et sa douleur,
S'ingénie au regret, dans la peur se dépense,
  Et se fait son propre malheur...

Qu'étais-tu donc ? Le rien dans le vide et le temps !
Je ne fais que te rendre au bout de courts instants,
 Cet état, sans réminiscence.

 Tel était — tel sera ton sort :
Exactement pareil, tu reprends dans la mort
 Le néant d'avant ta naissance. »

LA MÉTAMORPHOSE

La bestialité des amants qui s'étreignent,
En moutonnant gonflés du même impur désir,
Change, quand, au frisson surhumain du plaisir,
Tout l'être soutiré monte aux yeux qui s'éteignent.

A l'instant où l'éclair de la volupté passe,
Exaspérant la plainte et figeant les baisers,
Ils sont soudainement spiritualisés,
Nagent dans l'infini du temps et de l'espace.

LA MÉTAMORPHOSE

Le plus mystique des accords
Tient ravis ces cœurs et ces corps
Sous le poids du bonheur si plein qui les écrase :

La mort les surprendrait savourant son oubli,
Béatifiés sur ce lit
Devenu leur tombeau d'extase !

LA CHANDELLE

Aux bras l'un de l'autre, puisant
Les derniers sucs de leur cervelle,
S'aspirant l'âme avec la moelle,
Les amants ont tari leur sang.

Un instant, le couple hasarde
D'une voix qui sent le tombeau :
« Il s'use bien notre flambeau ! »
— Alors, la chandelle blafarde :

LA CHANDELLE

« Comme un cierge, auprès de deux corps
Qui tout à l'heure seront morts,
Je brûle, — ose-t-elle répondre, —

La terre ourdit vos lits profonds
Puisqu'à mesure que je fonds
Tous deux je vous regarde fondre. »

LE PREMIER JANVIER

C'est la date chère à l'enfance
Comme aux aveugles du plaisir :
L'élan fougueux de leur désir
S'y précipite et la devance.

Au contraire, celui qui voit
Le vrai but de sa destinée,
En secret subit un effroi
A ce quantième de l'année.

Car en dépit des tra la la
De sa docte philosophie,
Il lui semble que ce jour-là

La Mort entre visiblement
Et repart au même moment
Avec un lambeau de sa vie.

L'INUTILE

Tel fou que son orgueil torture
Pense intéresser à son sort
L'Univers, et veut que sa mort
Devienne un deuil pour la nature,

Et, tandis que dans sa misère
Il se croit le centre de tout,
Une voix lui dit tout à coup :
« Pas un être n'est nécessaire.

L'INUTILE

Malgré tous les regrets moroses
Qu'il s'ingénie à leur prêter
L'homme est seul à se regretter
Dans l'indifférence des choses.

Ciel vide, astre en feu, terre noire
L'air et l'eau, chacun dans sa gloire,
Se suffit immuablement.

La vie est une ombre futile,
Et, pour l'éternel élément
Tout ce qui passe est inutile. »

PLEIN SILENCE

La Mort a calfeutré cour, mur, porte et fenêtre :
    Ici, tout semble son sujet,
Et l'on n'entend pas plus craqueter un objet
    Qu'on n'entend respirer un être !

Pas un soupçon de vent dans l'herbe et les ramures !
    Comme l'au-dedans, l'au-dehors
Se tait : les moindres bruits, murmures de murmures,
    Et soupirs de soupirs sont morts.

PLEIN SILENCE

Il règne en ce gîte abîmé
Dans le noir et l'inanimé
Un silence qui rend livide,

Qui donne à l'esprit défaillant
La sensation du néant
Dans de l'indéfiniment vide.

UN MISANTHROPE

Je dis aux hommes : « Aujourd'hui,
Mes sentiments ne sont plus vôtres !
Et je me passe de vous autres
Par la puissance de l'ennui...

Du grand ennui de la pensée
Qui bâille devant l'inconnu
Et du cœur las bien parvenu
A l'indifférence glacée.

UN MISANTHROPE

La routine de la Nature,
Sa bonne résignation,
M'ont guéri de l'obsession
De la funèbre pourriture.

A force de remplir mes yeux
Les plaines, les lointains, les cieux
M'ont infusé leur paix profonde ;

Et je ne fais pas autrement
Que de pratiquer en l'aimant
L'ennui des arbres et de l'onde.

Mort à la femme comme au livre
Je suis sans peine et sans plaisir,
Sans regret — comme sans désir
De tout ce dont l'homme s'enivre.

Je n'ai plus de but à poursuivre,
Je vais sans craindre et sans haïr,
Sans protester, sans m'ébahir,
Méprisant l'or comme le cuivre.

Mon âme exempte de tempête
Et n'ayant plus à fermenter
Me permet enfin de rester
En bon accord avec ma bête.

Conscient de tous mes instants
J'assiste un peu comme le temps
Au végétement de ma vie.

Quelles choses pourraient agir
Sur moi ? — J'en prends, sans réfléchir,
L'impression triste ou ravie. »

Or, comme il finissait de grogner en lui-même
Ce soliloque fier — dans le jour déjà blême
Il entendit un glas très au loin qui tintait
Goutte à goutte, au milieu du vallon, et c'était,
Cette larme de bruit tombant dans le silence,
D'un plaintif insistant, morne en sa virulence !
Le sanglot de métal vibrait, signifiant
Que le trépas seul règne et que tout est néant.
Quoi ! la nature est morte aussi ! l'onde et la terre
Néant ! — Oui ! répondait le glas dans le mystère :
« Je pleure avec la mort de votre humanité
Le vide de l'espace et de l'éternité ! »
Le misanthrope eut froid au fond du cœur, et, comme
Un bon vieux mendiant passait là, tout chargé,
Il fit route avec lui, se sentant soulagé
      Par cette présence d'un homme.

SOUHAIT DE MON AME

Condamnée à toujours replier ses essors
Dans sa prison de chair qui, malgré tant d'efforts,
Ne peut que se traîner à l'égal du cloporte,
Ma pauvre âme, souvent, me parle de la sorte :

« Au sein du libre espace où je me plais sans trêve
Que n'as-tu donc le corps d'un voyageant oiseau,
De la pointe du roc ou du pied du roseau
Prenant son vol ravi qui plonge et qui s'élève !

A tant hanter les airs, les forêts, l'arbrisseau,
Les gouffres et les monts, la mer et le ruisseau,
Tu vivrais la nature et tu saurais les rêves,
Les mystères de l'eau, des souffles et des sèves.

Toujours plus, te crierais-je — approche-toi des cieux !
Monte au divin soleil ! brûle et trempe tes yeux
  A la pureté de ses flammes !

Cette enveloppe ailée étant digne de toi,
Nous ne serions pas loin de former, elle et moi,
  La société de deux âmes ! »

L'IMAGE

Je n'entrais pas de fois dans la chambre, à toute heure,
Sans donner mes regards comme autant de baisers,
Au portrait du cher mort, assis, les bras croisés,
Tel qu'en mon souvenir de frère qui le pleure.

Sa face roide et fixe alors semblait se fondre,
Tressaillir, s'animer si douce, que, souvent,
J'avais l'impression qu'il était là vivant !...
Que, si je lui parlais, il allait me répondre.

Un soir, à la pâleur d'un méchant luminaire,
Remué davantage encor qu'à l'ordinaire,
J'examinais le mort, fantôme en cet instant,

Soudain, son œil brilla de la plus tendre flamme,
Et je crus voir... je vis celui que j'aimais tant
Se décroiser les bras pour embrasser mon âme!

LA BONTÉ

Si rare, c'est la souveraine,
La délectable qualité.
Elle-même la Pureté
S'incline devant cette reine.

Toute bonté dont la présence
Ne subjugue pas les esprits
N'est qu'une forme du mépris,
N'est qu'un goût de la bienfaisance.

LA BONTÉ

Elle déroute le moqueur,
Prend le fou non moins que le sage :
C'est la violette du cœur
Embaumant tout sur son passage.

Rien ne l'aigrit et rien ne l'use,
Elle vit sa sérénité
Les yeux sur la fatalité
Qu'elle bénit ou qu'elle excuse.

Ce qu'on lui dit, elle le croit,
A tout venant elle se donne,
Et, sans réserve, elle pardonne
Au crime dont elle a l'effroi.

Ses regards joyeux ou moroses
Devant les bonheurs ou les maux
Se font doux pour les animaux
Et respectueux pour les choses.

La Bonté ? C'est pour notre monde
Plein de révolte et de douleur,
Ce qu'est l'averse pour la fleur,
Ce qu'est le frais zéphyr pour l'onde.

Sa vue à notre esprit sournois
Inspire tant de confiance
Qu'elle nous soulage du poids
Opprimant de la conscience.

Moins mauvais à sa seule approche,
Toujours meilleur en la suivant,
Certe ! à la fréquenter souvent,
On aurait l'âme sans reproche.

Car, elle devient la compagne
Si chère à notre sentiment
Que, par degrés d'enchantement,
Elle nous pénètre et nous gagne.

LA BONTÉ

En morale, plus d'un austère
Est moins diamant que charbon :
On peut avoir, sans être bon,
Toutes les vertus de la terre.

Au contraire, cette âme sœur
Réunissant tous les mérites
Offre, comme les marguerites,
Simplicité blanche et douceur.

Elle a dans nos deuils et nos brumes
Des baumes toujours épanchés
Sur nos cœurs brûlés de péchés,
Recroquevillés d'amertumes.

Elle rassure les alarmes,
Redonne la compassion,
Et la pleureuse émotion
Aux déshabitués des larmes.

Le vrai bon change l'atmosphère
Autour de tous : au fond de soi
L'apaisement qu'on en reçoit
Fait qu'aussitôt on le révère.

Quand il part, il laisse après lui
Comme un sillage de tendresse,
De placide et claire allégresse
Qui rayonne sur votre ennui.

Toujours ses tranquilles paupières
Se relèvent sur des yeux francs,
Et, quand sa voix plaint des souffrants,
Elle ferait pleurer les pierres.

Il a, semble-t-il, dans son geste
Et dans sa parole d'enfant
Je ne sais quoi qui vous défend
Contre l'Impur et le Funeste.

LA BONTÉ

Ses mouvements comme ses pauses
Vous calment, son aspect sourit...
Il met du repos dans l'esprit
Et de la gaieté sur les choses !

Venant de vous rendre service,
Il veut encor vous obliger,
Et s'offre, sans peur du danger,
Et sans regret du sacrifice.

On dirait, telle est sa constance
Dans l'indifférence pour lui
Qu'il trouve à satisfaire autrui
Le motif de son existence.

De corps, il peut être tortu,
D'une laideur abjecte, énorme,
Il est relevé dans sa forme
Par la beauté de sa vertu.

Heureux l'enfant, l'homme ou la femme
Qui la possède, la Bonté !
Il régale l'humanité
Avec le meilleur de son âme.

Le penseur et le solitaire
Admirent ce trésor du cœur,
Si riche avec tant de longueur,
Si simple avec tant de mystère.

D'allure nullement mystique
Elle est humaine de tout point,
Mais elle ne s'explique point
Cette vertu plutôt rustique.

Elle figure à la raison
L'apitoiement de la nature
Sur la vie et sur sa torture,
Sur la mort et sur son poison.

LA BONTÉ

L'inconnu qui nous la dispense
A prévu son heureux effet
Et tout le mal qu'il nous a fait
Un peu par elle il le compense.

Sans le vouloir est-elle égale ?...
Qu'importe ! Honorons son instinct
Qui lui donne chaque matin
Cette franche humeur de cigale.

Et même, comme tel méchant
Le déclare d'un ton tranchant,
Si bonté veut dire sottise :

La plus grande gloire ici-bas,
C'est de garder, jusqu'au trépas,
La sainteté de la bêtise...

L'ATOME

On n'existe que pour la mort :
Entier, chacun de nous y sombre ;
Pourtant, il en est dans le nombre
Qui dominent l'arrêt du sort.

Tel par son art ou sa bonté
Mord sur l'airain de l'invisible,
Y grave sa marque sensible
Aux regards de l'éternité.

L'ATOME

Par delà l'ombre du tombeau
Ce que l'on fit de bien, de beau,
Nous survit, glorieux fantôme,

Toujours debout — jamais terni.
Narquoise contre l'infini
C'est la revanche de l'atome !...

LA NATURE ET L'ART

I

Prêtant à l'onde, à l'arbre, au vent
Sa grande voix mystérieuse,
La nature, grave ou joyeuse,
Ainsi l'interpellait souvent :

« Crois à ton corps qui veut m'étreindre,
Me sentir, m'avoir, me humer,
A ton instinct qui veut m'aimer.
C'est ton seul esprit qu'il faut craindre !...

LA NATURE ET L'ART

Fuis le rêve ! ou malheur à toi !...
Tu saurais, enfreignant ma loi,
La pire horreur, la plus amère.

Mort à la curiosité,
Végète ma réalité
Au lieu de vivre ta chimère. »

II

Mais lui, restant son propre émule,
Il tordait son esprit, son cœur,
Passait le suc de son labeur
A tous les cribles du scrupule.

Voici que dans le gouffre avide
Qu'il crut combler, le malheureux !
Il s'engloutit, toujours plus creux,
Se débat, vidé, dans le vide.

Ah ! la Nature avait raison !
Son rêve est devenu poison.
Ci-gît sa muse trépassée

Sur tous les fiels qu'elle a vomis.
A présent, qu'il passe au tamis
Les ténèbres de sa pensée !...

III

Cette fois, le grinçant poète
Trouve en lui le désert béant
Et s'aperçoit que le Néant
Est le monarque de sa tête.

Sans mordre au sujet il se ronge,
Il se perd dans la nuit des mots ;
Horreur ! tel que les animaux,
Il sent, il considère, il songe.

LA NATURE ET L'ART

Puis, quand l'orgueil à la torture,
Il s'est désespéré, maudit,
Un jour, à la longue, il se dit
Au froid conseil de la Nature :

« L'Art sans trêve était ton bourreau !
Tu ne béniras jamais trop
L'épuisement qui t'en délivre.

Fais donc fête à ton corps qui rit,
Et simple d'âme, enfant d'esprit,
Vis ! pour le seul bonheur de vivre ! »

TABLE DES MATIÈRES

Les choses. 1
Les treize rêves. 9
La fée. 19
Les quatre fous. 22
L'homme-fantôme. 24
L'angoisse. 27
Vengeance d'outre-tombe. 30
Les deux portraits 33
Le vieux cadre 35
Le spectre. 37
La forme blanche. 40
Les poisons. 42
Le sang 47
Les deux revenants 51
Les sept veuves. 55
La dame peinte. 58
Les pendants 60
L'attaque nocturne. 62
Effet de soleil couchant 64

	66
Le naufrage	68
La maison damnée	70
Le glaive	72
La montre	74
Dans une cuisine	76
La vieille armoire	81
Les carreaux	83
Les pas	85
Le lierre	87
Le corbeau empaillé	90
Le monstre	92
Le cheval blanc	95
Les trois tigres	98
L'ogre	100
Les célébreurs	102
Les papillons blancs	108
Les deux scarabées	110
La couleuvre	115
Le serpent	117
Combat de bœufs	119
Les paysages	121
Ce que dit la rivière	126
La magie du torrent	128
La goutte d'eau	130
L'herbe	134
L'azur	136
Les horizons	141
Le tableau	143
L'espace blanc	146
Les deux astres	148
Soir de neige	150
La soirée verte	152
Crue d'automne	158
Lune de songe	161
Le précipice	163
Dans les bourbiers	

TABLE DES MATIÈRES

Les fossés	165
Les deux pluies	172
Pluie magique	175
Effet de vent	177
L'arbre mort	179
Les fleurs des champs	181
Le soleil des fantômes	187
La tombe rose	189
Villanelle de la neige	191
L'ouragan	196
Orage en forêt	198
L'incendie	204
Lune rouge	206
La grotte	209
Enfin, la nuit!	213
Le voyageur	217
Le vieux pauvre	224
Le bohémien	226
Nuit de mendiant	228
Le malfaiteur	230
La dévote	232
L'ensevelisseuse	234
Le charbonnier	237
Le géant et le nain	240
Le batelier	242
Les deux réveils	245
La cause première	247
Le jour des morts	252
Le faire-part	258
La croix noire	260
Soir d'enterrement	262
Cercueil de vierge	264
Les deux squelettes	266
La tête de mort	268
Le grand rire	270
La mort sincère	272

TABLE DES MATIÈRES

La métamorphose. 274
La chandelle. 276
Le premier janvier. 278
L'inutile 280
Plein silence. 282
Un misanthrope. 284
Souhait de mon âme. 288
L'image 290
La bonté 292
L'atome 300
La nature et l'art. 302

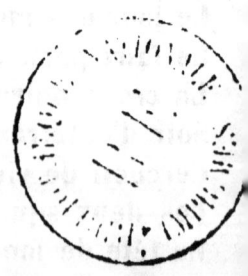

ÉVREUX, IMPRIMERIE DE CHARLES HÉRISSEY

G. CHARPENTIER ET E. FASQUELLE, Éditeurs
11, Rue de Grenelle, Paris
Extrait du Catalogue de la BIBLIOTHÈQUE-CHARPENTIER
à 3 fr. 50 le volume

POÈTES CONTEMPORAINS

JEAN AICARD
Les Poèmes de Provence. . 1 vol.

THÉODORE DE BANVILLE
Poésies complètes. . . . 3 vol.
Nous tous. . . . . . . 1 vol.
Sonnailles et Clochettes. . 1 vol.
Dans la Fournaise . . . 1 vol.

HENRI BARBUSSE
Pleureuses. . . . . . . 1 vol.

ÉMILE BLÉMONT
Les Pommiers en fleur. . 1 vol.

MAURICE BOUCHOR
Les Chansons joyeuses. . 1 vol.
Les Poèmes de l'Amour et de la Mer. . . . . . 1 vol.
Contes parisiens en vers. 1 vol.
Le Faust moderne. . . . 1 vol.
L'Aurore. . . . . 1 vol.
Les Symboles. . . . . . 1 vol.

CLAUDE COUTURIER
Chansons pour toi. . . . 1 vol.

ALPHONSE DAUDET
Les Amoureuses. . . . . 1 vol.

ÉMILE GOUDEAU
Chansons de Paris et d'ailleurs. . . . . . 1 vol.

EDMOND HARAUCOURT
L'Âme nue. . . . . . . 1 vol.
Seul. . . . . 1 vol.

ARSÈNE HOUSSAYE
Poésies complètes. . . . 1 vol.

CLOVIS HUGUES
Les Évocations. . . . . 1 vol.

FÉLIX JEANTET
Les Plastiques. . . . . 1 vol.

CATULLE MENDÈS
Poésies complètes. . . . 3 vol.
La Grive des Vignes. . . 1 vol.

Cte ROBERT DE MONTESQUIOU
Le Parcours du Rêve au Souvenir. . . . . . 1 vol.

MISTRAL
Mirèio. . . . . 1 vol.

LUCIEN PATÉ
Poésies. . . . . 1 vol.

JEAN RICHEPIN
La Chanson des Gueux. . 1 vol.
Les Caresses. . . . . . 1 vol.
Les Blasphèmes. . . . . 1 vol.
La Mer. . . . . 1 vol.
Mes Paradis. . . . . . 1 vol.

GEORGES RODENBACH
Le Règne du Silence. . . 1 vol.

MAURICE ROLLINAT
Les Névroses. . . . . . 1 vol.
Dans les Brandes. . . . 1 vol.
L'Abîme. . . . . 1 vol.
La Nature. . . . . . . 1 vol.

ARMAND SILVESTRE
Premières Poésies. . . . 1 vol.
La Chanson des Heures. 1 vol.
Les Ailes d'or. . . . . 1 vol.
Le Pays des Roses. . . . 1 vol.
Le Chemin des Étoiles. . 1 vol.
Roses d'Octobre. . . . . 1 vol.
L'Or des couchants. . . 1 vol.
Les Aurores lointaines. . 1 vol.

PAUL VERLAINE
Choix de Poésies. . . . 1 vol.

GABRIEL VICAIRE
Émaux Bressans. . . . . 1 vol.

www.ingramcontent.com/pod-product-compliance
Lightning Source LLC
Chambersburg PA
CBHW071254160426
43196CB00009B/1288